全国普法学习读本
★★★★★

最新教育家庭类法律法规读本

消费与物业法律法规学习读本
物业与水电气法律法规

叶浦芳 主编

加大全民普法力度，建设社会主义法治文化，树立宪法法律至上、法律面前人人平等的法治理念。
——中国共产党第十九次全国代表大会《决胜全面建成小康社会 夺取新时代中国特色社会主义伟大胜利》

汕头大学出版社

图书在版编目（CIP）数据

物业与水电气法律法规/叶浦芳主编. -- 汕头：汕头大学出版社，2023.4（重印）

（消费与物业法律法规学习读本）

ISBN 978-7-5658-3332-8

Ⅰ.①物… Ⅱ.①叶… Ⅲ.①物业管理-法规-中国-学习参考资料 Ⅳ.①D922.181.4

中国版本图书馆 CIP 数据核字（2018）第 000815 号

物业与水电气法律法规　WUYE YU SHUIDIANQI FALÜ FAGUI

主　　编：	叶浦芳
责任编辑：	汪艳蕾
责任技编：	黄东生
封面设计：	大华文苑
出版发行：	汕头大学出版社
	广东省汕头市大学路 243 号汕头大学校园内　邮政编码：515063
电　　话：	0754-82904613
印　　刷：	三河市元兴印务有限公司
开　　本：	690mm×960mm 1/16
印　　张：	18
字　　数：	226 千字
版　　次：	2018 年 1 月第 1 版
印　　次：	2023 年 4 月第 2 次印刷
定　　价：	59.60 元（全 2 册）

ISBN 978-7-5658-3332-8

版权所有，翻版必究

如发现印装质量问题，请与承印厂联系退换

前 言

习近平总书记指出:"推进全民守法,必须着力增强全民法治观念。要坚持把全民普法和守法作为依法治国的长期基础性工作,采取有力措施加强法制宣传教育。要坚持法治教育从娃娃抓起,把法治教育纳入国民教育体系和精神文明创建内容,由易到难、循序渐进不断增强青少年的规则意识。要健全公民和组织守法信用记录,完善守法诚信褒奖机制和违法失信行为惩戒机制,形成守法光荣、违法可耻的社会氛围,使遵法守法成为全体人民共同追求和自觉行动。"

中共中央、国务院曾经转发了中央宣传部、司法部关于在公民中开展法治宣传教育的规划,并发出通知,要求各地区各部门结合实际认真贯彻执行。通知指出,全民普法和守法是依法治国的长期基础性工作。深入开展法治宣传教育,是全面建成小康社会和新农村的重要保障。

普法规划指出:各地区各部门要根据实际需要,从不同群体的特点出发,因地制宜开展有特色的法治宣传教育坚持集中法治宣传教育与经常性法治宣传教育相结合,深化法律进机关、进乡村、进社区、进学校、进企业、进单位的"法律六进"主题活动,完善工作标准,建立长效机制。

特别是农业、农村和农民问题,始终是关系党和人民事业发展的全局性和根本性问题。党中央、国务院发布的《关于推进社会主义新农村建设的若干意见》中明确提出要"加强农村法制建设,深入开展农村普法教育,增强农民的法制观念,提高农民依法行使权利和履行义务的自觉性。"多年普法实践证明,普及法律知识,提高法制观念，增强全社会依法办事意识具有重要作用。特别是在广大农村进行普法教育，是提高全民法律素质的需要。

多年来，我国在农村实行的改革开放取得了极大成功，农村发生了翻天覆地的变化，广大农民生活水平大大得到了提高。但是，由于历史和社会等原因，现阶段我国一些地区农民文化素质还不高，不学法、不懂法、不守法现象虽然较原来有所改变，但仍有相当一部分群众的法制观念仍很淡化，不懂、不愿借助法律来保护自身权益，这就极易受到不法的侵害，或极易进行违法犯罪活动，严重阻碍了全面建成小康社会和新农村步伐。

为此，根据党和政府的指示精神以及普法规划，特别是根据广大农村农民的现状，在有关部门和专家的指导下，特别编辑了这套《全国普法学习读本》。主要包括了广大人民群众应知应懂、实际实用的法律法规。为了辅导学习，附录还收入了相应法律法规的条例准则、实施细则、解读解答、案例分析等；同时为了突出法律法规的实际实用特点，兼顾地方性和特殊性，附录还收入了部分某些地方性法律法规以及非法律法规的政策文件、管理制度、应用表格等内容，拓展了本书的知识范围，使法律法规更"接地气"，便于读者学习掌握和实际应用。

在众多法律法规中，我们通过甄别，淘汰了废止的，精选了最新的、权威的和全面的。但有部分法律法规有些条款不适应当下情况了，却没有颁布新的，我们又不能擅自改动，只得保留原有条款，但附录却有相应的补充修改意见或通知等。众多法律法规根据不同内容和受众特点，经过归类组合，优化配套。整套普法读本非常全面系统，具有很强的学习性、实用性和指导性，非常适合用于广大农村和城乡普法学习教育与实践指导。总之，是全国全民普法的良好读本。

目 录

中华人民共和国物业管理条例

第一章　总　则 …………………………………………（1）
第二章　业主及业主大会 ………………………………（2）
第三章　前期物业管理 …………………………………（5）
第四章　物业管理服务 …………………………………（7）
第五章　物业的使用与维护 ……………………………（9）
第六章　法律责任 ………………………………………（10）
第七章　附　则 …………………………………………（12）
附　录
　　物业服务收费明码标价规定 ………………………（13）
　　物业服务收费管理办法 ……………………………（16）
　　最高人民法院关于审理物业服务纠纷案件具体应用法律
　　　若干问题的解释 …………………………………（21）
　　普通住宅小区物业管理服务等级标准（试行）……（24）
　　住宅室内装饰装修管理办法 ………………………（33）
　　城市社区档案管理办法 ……………………………（42）
　　关于进一步规范社区卫生服务管理和提升服务质量的
　　　指导意见 …………………………………………（46）
　　城市社区卫生服务机构管理办法（试行）…………（53）

中华人民共和国城市供水条例

第一章　总　则 …………………………………………（61）
第二章　城市供水水源 …………………………………（62）
第三章　城市供水工程建设 ……………………………（63）

第四章　城市供水经营 ······························· (63)
第五章　城市供水设施维护 ·························· (64)
第六章　罚　则 ······································· (65)
第七章　附　则 ······································· (67)
附　录
　　城市供水价格管理办法 ······························· (68)
　　城市节约用水管理规定 ······························· (74)
　　城市用水定额管理办法 ······························· (77)
　　国务院办公厅关于推进水价改革促进节约用水保护
　　　水资源的通知 ····································· (79)

中华人民共和国电力法

第一章　总　则 ······································· (85)
第二章　电力建设 ····································· (86)
第三章　电力生产与电网管理 ·························· (87)
第四章　电力供应与使用 ······························· (87)
第五章　电价与电费 ··································· (89)
第六章　农村电力建设和农业用电 ····················· (91)
第七章　电力设施保护 ································· (91)
第八章　监督检查 ····································· (92)
第九章　法律责任 ····································· (93)
第十章　附　则 ······································· (95)
附　录
　　电力供应与使用条例 ································· (96)
　　关于加强重大节假日期间居民生活用电保障工作的通知 ··· (104)
　　节约用电管理办法 ··································· (106)
　　供用电监督管理办法 ································· (111)

城镇燃气管理条例

第一章　总　则 ······································· (118)

目 录

第二章　燃气发展规划与应急保障 …………………………（119）

第三章　燃气经营与服务 ……………………………………（121）

第四章　燃气使用 ……………………………………………（123）

第五章　燃气设施保护 ………………………………………（124）

第六章　燃气安全事故预防与处理 …………………………（126）

第七章　法律责任 ……………………………………………（127）

第八章　附　则 ………………………………………………（130）

附　录

　　中华人民共和国建设部燃气燃烧器具安装维修管理规定 ……（131）

中华人民共和国物业管理条例

中华人民共和国国务院令

第 379 号

《物业管理条例》已经 2003 年 5 月 28 日国务院第 9 次常务会议通过,现予公布,自 2003 年 9 月 1 日起施行。

总理 温家宝

二〇〇三年六月八日

(2003 年 6 月 8 日首次公布;根据 2007 年 8 月 26 日《国务院关于修改〈物业管理条例〉的决定》第一次修订;根据 2016 年 2 月 6 日《国务院关于修改部分行政法规的决定》第二次修订)

第一章 总 则

第一条 为了规范物业管理活动,维护业主和物业服务企业的合法权益,改善人民群众的生活和工作环境,制定本条例。

第二条 本条例所称物业管理,是指业主通过选聘物业服务企业,由业主和物业服务企业按照物业服务合同约定,对房屋及配套的设施设备和相关场地进行维修、养护、管理,维护物业管理区域内的环境卫生和相关秩序的活动。

第三条 国家提倡业主通过公开、公平、公正的市场竞争机制选择物业服务企业。

第四条 国家鼓励采用新技术、新方法,依靠科技进步提高物业管理和服务水平。

第五条 国务院建设行政主管部门负责全国物业管理活动的监督管理工作。

县级以上地方人民政府房地产行政主管部门负责本行政区域内物业管理活动的监督管理工作。

第二章 业主及业主大会

第六条 房屋的所有权人为业主。

业主在物业管理活动中,享有下列权利:

(一)按照物业服务合同的约定,接受物业服务企业提供的服务;

(二)提议召开业主大会会议,并就物业管理的有关事项提出建议;

(三)提出制定和修改管理规约、业主大会议事规则的建议;

(四)参加业主大会会议,行使投票权;

(五)选举业主委员会成员,并享有被选举权;

(六)监督业主委员会的工作;

(七)监督物业服务企业履行物业服务合同;

(八)对物业共用部位、共用设施设备和相关场地使用情况享有知情权和监督权;

(九)监督物业共用部位、共用设施设备专项维修资金(以下简称专项维修资金)的管理和使用;

(十)法律、法规规定的其他权利。

第七条 业主在物业管理活动中,履行下列义务:

（一）遵守管理规约、业主大会议事规则；

（二）遵守物业管理区域内物业共用部位和共用设施设备的使用、公共秩序和环境卫生的维护等方面的规章制度；

（三）执行业主大会的决定和业主大会授权业主委员会作出的决定；

（四）按照国家有关规定交纳专项维修资金；

（五）按时交纳物业服务费用；

（六）法律、法规规定的其他义务。

第八条　物业管理区域内全体业主组成业主大会。

业主大会应当代表和维护物业管理区域内全体业主在物业管理活动中的合法权益。

第九条　一个物业管理区域成立一个业主大会。

物业管理区域的划分应当考虑物业的共用设施设备、建筑物规模、社区建设等因素。具体办法由省、自治区、直辖市制定。

第十条　同一个物业管理区域内的业主，应当在物业所在地的区、县人民政府房地产行政主管部门或者街道办事处、乡镇人民政府的指导下成立业主大会，并选举产生业主委员会。但是，只有一个业主的，或者业主人数较少且经全体业主一致同意，决定不成立业主大会的，由业主共同履行业主大会、业主委员会职责。

第十一条　下列事项由业主共同决定：

（一）制定和修改业主大会议事规则；

（二）制定和修改管理规约；

（三）选举业主委员会或者更换业主委员会成员；

（四）选聘和解聘物业服务企业；

（五）筹集和使用专项维修资金；

（六）改建、重建建筑物及其附属设施；

（七）有关共有和共同管理权利的其他重大事项。

第十二条　业主大会会议可以采用集体讨论的形式，也可以采用书面征求意见的形式；但是，应当有物业管理区域内专有部分占建筑物总面积过半数的业主且占总人数过半数的业主参加。

业主可以委托代理人参加业主大会会议。

业主大会决定本条例第十一条第（五）项和第（六）项规定的事项，应当经专有部分占建筑物总面积 2/3 以上的业主且占总人数 2/3 以上的业主同意；决定本条例第十一条规定的其他事项，应当经专有部分占建筑物总面积过半数的业主且占总人数过半数的业主同意。

业主大会或者业主委员会的决定，对业主具有约束力。

业主大会或者业主委员会作出的决定侵害业主合法权益的，受侵害的业主可以请求人民法院予以撤销。

第十三条 业主大会会议分为定期会议和临时会议。

业主大会定期会议应当按照业主大会议事规则的规定召开。经 20% 以上的业主提议，业主委员会应当组织召开业主大会临时会议。

第十四条 召开业主大会会议，应当于会议召开 15 日以前通知全体业主。

住宅小区的业主大会会议，应当同时告知相关的居民委员会。

业主委员会应当做好业主大会会议记录。

第十五条 业主委员会执行业主大会的决定事项，履行下列职责：

（一）召集业主大会会议，报告物业管理的实施情况；

（二）代表业主与业主大会选聘的物业服务企业签订物业服务合同；

（三）及时了解业主、物业使用人的意见和建议，监督和协助物业服务企业履行物业服务合同；

（四）监督管理规约的实施；

（五）业主大会赋予的其他职责。

第十六条 业主委员会应当自选举产生之日起 30 日内，向物业所在地的区、县人民政府房地产行政主管部门和街道办事处、乡镇人民政府备案。

业主委员会委员应当由热心公益事业、责任心强、具有一定组织能力的业主担任。

业主委员会主任、副主任在业主委员会成员中推选产生。

第十七条 管理规约应当对有关物业的使用、维护、管理，业主的共同利益，业主应当履行的义务，违反管理规约应当承担的责任等事项依法作出约定。

管理规约应当尊重社会公德，不得违反法律、法规或者损害社会公共利益。

管理规约对全体业主具有约束力。

第十八条 业主大会议事规则应当就业主大会的议事方式、表决程序、业主委员会的组成和成员任期等事项作出约定。

第十九条 业主大会、业主委员会应当依法履行职责，不得作出与物业管理无关的决定，不得从事与物业管理无关的活动。

业主大会、业主委员会作出的决定违反法律、法规的，物业所在地的区、县人民政府房地产行政主管部门或者街道办事处、乡镇人民政府，应当责令限期改正或者撤销其决定，并通告全体业主。

第二十条 业主大会、业主委员会应当配合公安机关，与居民委员会相互协作，共同做好维护物业管理区域内的社会治安等相关工作。

在物业管理区域内，业主大会、业主委员会应当积极配合相关居民委员会依法履行自治管理职责，支持居民委员会开展工作，并接受其指导和监督。

住宅小区的业主大会、业主委员会作出的决定，应当告知相关的居民委员会，并认真听取居民委员会的建议。

第三章　前期物业管理

第二十一条 在业主、业主大会选聘物业服务企业之前，建设单位选聘物业服务企业的，应当签订书面的前期物业服务合同。

第二十二条 建设单位应当在销售物业之前，制定临时管理规约，对有关物业的使用、维护、管理，业主的共同利益，业主应当履行的义务，违反临时管理规约应当承担的责任等事项依法作出约定。

建设单位制定的临时管理规约,不得侵害物业买受人的合法权益。

第二十三条 建设单位应当在物业销售前将临时管理规约向物业买受人明示,并予以说明。

物业买受人在与建设单位签订物业买卖合同时,应当对遵守临时管理规约予以书面承诺。

第二十四条 国家提倡建设单位按照房地产开发与物业管理相分离的原则,通过招投标的方式选聘具有相应资质的物业服务企业。

住宅物业的建设单位,应当通过招投标的方式选聘具有相应资质的物业服务企业;投标人少于3个或者住宅规模较小的,经物业所在地的区、县人民政府房地产行政主管部门批准,可以采用协议方式选聘具有相应资质的物业服务企业。

第二十五条 建设单位与物业买受人签订的买卖合同应当包含前期物业服务合同约定的内容。

第二十六条 前期物业服务合同可以约定期限;但是,期限未满、业主委员会与物业服务企业签订的物业服务合同生效的,前期物业服务合同终止。

第二十七条 业主依法享有的物业共用部位、共用设施设备的所有权或者使用权,建设单位不得擅自处分。

第二十八条 物业服务企业承接物业时,应当对物业共用部位、共用设施设备进行查验。

第二十九条 在办理物业承接验收手续时,建设单位应当向物业服务企业移交下列资料:

(一)竣工总平面图,单体建筑、结构、设备竣工图,配套设施、地下管网工程竣工图等竣工验收资料;

(二)设施设备的安装、使用和维护保养等技术资料;

(三)物业质量保修文件和物业使用说明文件;

(四)物业管理所必需的其他资料。

物业服务企业应当在前期物业服务合同终止时将上述资料移交给业主委员会。

第三十条 建设单位应当按照规定在物业管理区域内配置必要的物业管理用房。

第三十一条 建设单位应当按照国家规定的保修期限和保修范围，承担物业的保修责任。

第四章 物业管理服务

第三十二条 从事物业管理活动的企业应当具有独立的法人资格。

国家对从事物业管理活动的企业实行资质管理制度。具体办法由国务院建设行政主管部门制定。

第三十三条 一个物业管理区域由一个物业服务企业实施物业管理。

第三十四条 业主委员会应当与业主大会选聘的物业服务企业订立书面的物业服务合同。

物业服务合同应当对物业管理事项、服务质量、服务费用、双方的权利义务、专项维修资金的管理与使用、物业管理用房、合同期限、违约责任等内容进行约定。

第三十五条 物业服务企业应当按照物业服务合同的约定，提供相应的服务。

物业服务企业未能履行物业服务合同的约定，导致业主人身、财产安全受到损害的，应当依法承担相应的法律责任。

第三十六条 物业服务企业承接物业时，应当与业主委员会办理物业验收手续。

业主委员会应当向物业服务企业移交本条例第二十九条第一款规定的资料。

第三十七条 物业管理用房的所有权依法属于业主。未经业主大会同意，物业服务企业不得改变物业管理用房的用途。

第三十八条 物业服务合同终止时，物业服务企业应当将物业管理用房和本条例第二十九条第一款规定的资料交还给业主委员会。

物业服务合同终止时，业主大会选聘了新的物业服务企业的，物业服务企业之间应当做好交接工作。

第三十九条 物业服务企业可以将物业管理区域内的专项服务业务委托给专业性服务企业，但不得将该区域内的全部物业管理一并委托给他人。

第四十条 物业服务收费应当遵循合理、公开以及费用与服务水平相适应的原则，区别不同物业的性质和特点，由业主和物业服务企业按照国务院价格主管部门会同国务院建设行政主管部门制定的物业服务收费办法，在物业服务合同中约定。

第四十一条 业主应当根据物业服务合同的约定交纳物业服务费用。业主与物业使用人约定由物业使用人交纳物业服务费用的，从其约定，业主负连带交纳责任。

已竣工但尚未出售或者尚未交给物业买受人的物业，物业服务费用由建设单位交纳。

第四十二条 县级以上人民政府价格主管部门会同同级房地产行政主管部门，应当加强对物业服务收费的监督。

第四十三条 物业服务企业可以根据业主的委托提供物业服务合同约定以外的服务项目，服务报酬由双方约定。

第四十四条 物业管理区域内，供水、供电、供气、供热、通信、有线电视等单位应当向最终用户收取有关费用。

物业服务企业接受委托代收前款费用的，不得向业主收取手续费等额外费用。

第四十五条 对物业管理区域内违反有关治安、环保、物业装饰装修和使用等方面法律、法规规定的行为，物业服务企业应当制止，并及时向有关行政管理部门报告。

有关行政管理部门在接到物业服务企业的报告后，应当依法对违法行为予以制止或者依法处理。

第四十六条 物业服务企业应当协助做好物业管理区域内的安全防范工作。发生安全事故时，物业服务企业在采取应急措施的同时，应当及时向有关行政管理部门报告，协助做好救助工作。

物业服务企业雇请保安人员的，应当遵守国家有关规定。保安人员在维护物业管理区域内的公共秩序时，应当履行职责，不得侵害公民的合法权益。

第四十七条 物业使用人在物业管理活动中的权利义务由业主和物业使用人约定，但不得违反法律、法规和管理规约的有关规定。

物业使用人违反本条例和管理规约的规定，有关业主应当承担连带责任。

第四十八条 县级以上地方人民政府房地产行政主管部门应当及时处理业主、业主委员会、物业使用人和物业服务企业在物业管理活动中的投诉。

第五章　物业的使用与维护

第四十九条 物业管理区域内按照规划建设的公共建筑和共用设施，不得改变用途。

业主依法确需改变公共建筑和共用设施用途的，应当在依法办理有关手续后告知物业服务企业；物业服务企业确需改变公共建筑和共用设施用途的，应当提请业主大会讨论决定同意后，由业主依法办理有关手续。

第五十条 业主、物业服务企业不得擅自占用、挖掘物业管理区域内的道路、场地，损害业主的共同利益。

因维修物业或者公共利益，业主确需临时占用、挖掘道路、场地的，应当征得业主委员会和物业服务企业的同意；物业服务企业确需临时占用、挖掘道路、场地的，应当征得业主委员会的同意。

业主、物业服务企业应当将临时占用、挖掘的道路、场地，在约定期限内恢复原状。

第五十一条 供水、供电、供气、供热、通信、有线电视等单位，应当依法承担物业管理区域内相关管线和设施设备维修、养护的责任。

前款规定的单位因维修、养护等需要，临时占用、挖掘道路、场地的，应当及时恢复原状。

第五十二条 业主需要装饰装修房屋的，应当事先告知物业服务企业。

物业服务企业应当将房屋装饰装修中的禁止行为和注意事项告知业主。

第五十三条 住宅物业、住宅小区内的非住宅物业或者与单幢住宅楼结构相连的非住宅物业的业主，应当按照国家有关规定交纳专项维修资金。

专项维修资金属于业主所有，专项用于物业保修期满后物业共用部位、共用设施设备的维修和更新、改造，不得挪作他用。

专项维修资金收取、使用、管理的办法由国务院建设行政主管部门会同国务院财政部门制定。

第五十四条 利用物业共用部位、共用设施设备进行经营的，应当在征得相关业主、业主大会、物业服务企业的同意后，按照规定办理有关手续。业主所得收益应当主要用于补充专项维修资金，也可以按照业主大会的决定使用。

第五十五条 物业存在安全隐患，危及公共利益及他人合法权益时，责任人应当及时维修养护，有关业主应当给予配合。

责任人不履行维修养护义务的，经业主大会同意，可以由物业服务企业维修养护，费用由责任人承担。

第六章　法律责任

第五十六条 违反本条例的规定，住宅物业的建设单位未通过招投标的方式选聘物业服务企业或者未经批准，擅自采用协议方式选聘物业服务企业的，由县级以上地方人民政府房地产行政主管部门责令限期改正，给予警告，可以并处10万元以下的罚款。

第五十七条 违反本条例的规定，建设单位擅自处分属于业主的物业共用部位、共用设施设备的所有权或者使用权的，由县级以上地方人民政府房地产行政主管部门处5万元以上20万元以下的罚款；给业主造成损失的，依法承担赔偿责任。

第五十八条 违反本条例的规定，不移交有关资料的，由县级以上地方人民政府房地产行政主管部门责令限期改正；逾期仍不移交有关资料的，对建设单位、物业服务企业予以通报，处1万元以上10万元以下的罚款。

第五十九条 违反本条例的规定，未取得资质证书从事物业管理的，由县级以上地方人民政府房地产行政主管部门没收违法所得，并处5万元以上20万元以下的罚款；给业主造成损失的，依法承担赔偿责任。

以欺骗手段取得资质证书的，依照本条第一款规定处罚，并由颁发资质证书的部门吊销资质证书。

第六十条 违反本条例的规定，物业服务企业将一个物业管理区域内的全部物业管理一并委托给他人的，由县级以上地方人民政府房地产行政主管部门责令限期改正，处委托合同价款30%以上50%以下的罚款；情节严重的，由颁发资质证书的部门吊销资质证书。委托所得收益，用于物业管理区域内物业共用部位、共用设施设备的维修、养护，剩余部分按照业主大会的决定使用；给业主造成损失的，依法承担赔偿责任。

第六十一条 违反本条例的规定，挪用专项维修资金的，由县级以上地方人民政府房地产行政主管部门追回挪用的专项维修资金，给予警告，没收违法所得，可以并处挪用数额2倍以下的罚款；物业服务企业挪用专项维修资金，情节严重的，并由颁发资质证书的部门吊销资质证书；构成犯罪的，依法追究直接负责的主管人员和其他直接责任人员的刑事责任。

第六十二条 违反本条例的规定，建设单位在物业管理区域内不按照规定配置必要的物业管理用房的，由县级以上地方人民政府房地产行政主管部门责令限期改正，给予警告，没收违法所得，并处10万元以上50万元以下的罚款。

第六十三条 违反本条例的规定，未经业主大会同意，物业服务企业擅自改变物业管理用房的用途的,由县级以上地方人民政府房地产行政主管部门责令限期改正,给予警告,并处1万元以上10万元以下的罚款;有收益的,所得收益用于物业管理区域内物业共用部位、共用设施设备的维修、养护,剩余部分按照业主大会的决定使用。

第六十四条 违反本条例的规定,有下列行为之一的,由县级以上地方人民政府房地产行政主管部门责令限期改正,给予警告,并按照本条第二款的规定处以罚款;所得收益,用于物业管理区域内物业共用部位、共用设施设备的维修、养护,剩余部分按照业主大会的决定使用:

(一)擅自改变物业管理区域内按照规划建设的公共建筑和共用设施用途的;

(二)擅自占用、挖掘物业管理区域内道路、场地,损害业主共同利益的;

(三)擅自利用物业共用部位、共用设施设备进行经营的。

个人有前款规定行为之一的,处1000元以上1万元以下的罚款;单位有前款规定行为之一的,处5万元以上20万元以下的罚款。

第六十五条 违反物业服务合同约定,业主逾期不交纳物业服务费用的,业主委员会应当督促其限期交纳;逾期仍不交纳的,物业服务企业可以向人民法院起诉。

第六十六条 业主以业主大会或者业主委员会的名义,从事违反法律、法规的活动,构成犯罪的,依法追究刑事责任;尚不构成犯罪的,依法给予治安管理处罚。

第六十七条 违反本条例的规定,国务院建设行政主管部门、县级以上地方人民政府房地产行政主管部门或者其他有关行政管理部门的工作人员利用职务上的便利,收受他人财物或者其他好处,不依法履行监督管理职责,或者发现违法行为不予查处,构成犯罪的,依法追究刑事责任;尚不构成犯罪的,依法给予行政处分。

第七章 附 则

第六十八条 本条例自2003年9月1日起施行。

附 录

物业服务收费明码标价规定

国家发改委　建设部
关于印发《物业服务收费明码标价规定》的通知
发改价检〔2004〕1428号

各省、自治区、直辖市及计划单列市发展改革委（计委）、物价局、建设厅、房地局：

　　为进一步规范物业服务收费行为，提高物业业务收费透明度，维护业主和物业管理企业的合法权益，促进物业管理行业的健康发展，根据《中华人民共和国价格法》、《物业管理条例》和《关于商品和服务实行明码标价的规定》，我们制定了《物业服务收费明码标价规定》。现印发给你们，请认真贯彻执行。

中华人民共和国国家发展和改革委员会
中华人民共和国建设部
二零零四年七月十九日

　　第一条　为进一步规范物业服务收费行为，提高物业服务收费透明度，维护业主和物业管理企业的合法权益，促进物业管理行业的健康发展，根据《中华人民共和国价格法》、《物业管理条例》和《关于商品和服务实行明码标价的规定》，制定本规定。

第二条 物业管理企业向业主提供服务（包括按照物业服务合同约定提供物业服务以及根据业主委托提供物业服务合同约定以外的服务），应当按照本规定实行明码标价，标明服务项目、收费标准等有关情况。

第三条 物业管理企业实行明码标价，应当遵循公开、公平和诚实信用的原则，遵守国家价格法律、法规、规章和政策。

第四条 政府价格主管部门应当会同同级房地产主管部门对物业服务收费明码标价进行管理。政府价格主管部门对物业管理企业执行明码标价规定的情况实施监督检查。

第五条 物业管理企业实行明码标价应当做到价目齐全，内容真实，标示醒目，字迹清晰。

第六条 物业服务收费明码标价的内容包括：物业管理企业名称、收费对象、服务内容、服务标准、计费方式、计费起始时间、收费项目、收费标准、价格管理形式、收费依据、价格举报电话12358等。

实行政府指导价的物业服务收费应当同时标明基准收费标准、浮动幅度，以及实际收费标准。

第七条 物业管理企业在其服务区域内的显著位置或收费地点，可采取公示栏、公示牌、收费表、收费清单、收费手册、多媒体终端查询等方式实行明码标价。

第八条 物业管理企业接受委托代收供水、供电、供气、供热、通讯、有线电视等有关费用的，也应当依照本规定第六条、第七条的有关内容和方式实行明码标价。

第九条 物业管理企业根据业主委托提供的物业服务合同约定以外的服务项目，其收费标准在双方约定后应当以适当的方式向业主进行明示。

第十条 实行明码标价的物业服务收费的标准等发生变化时，物业管理企业应当在执行新标准前一个月，将所标示的相关内容进行调整，并应标示新标准开始实行的日期。

第十一条 物业管理企业不得利用虚假的或者使人误解的标价内

容、标价方式进行价格欺诈。不得在标价之外，收取任何未予标明的费用。

第十二条　对物业管理企业不按规定明码标价或者利用标价进行价格欺诈的行为，由政府价格主管部门依照《中华人民共和国价格法》、《价格违法行为行政处罚规定》、《关于商品和服务实行明码标价的规定》、《禁止价格欺诈行为的规定》进行处罚。

第十三条　本规定自2004年10月1日起施行。

物业服务收费管理办法

国家发改委　建设部
关于印发物业服务收费管理办法的通知
发改价格〔2003〕1864号

各省、自治区、直辖市计委（发展改革委）、物价局、建设厅、房地局：

为规范物业管理服务收费行为，保障业主和物业管理企业的合法权益，根据《中华人民共和国价格法》和《物业管理条例》，我们制定了《物业服务收费管理办法》，现印发给你们，请执照执行。

中华人民共和国国家发展和改革委员会
中华人民共和国建设部
二〇〇三年十一月十三日

第一条 为规范物业服务收费行为，保障业主和物业管理企业的合法权益，根据《中华人民共和国价格法》和《物业管理条例》，制定本办法。

第二条 本办法所称物业服务收费，是指物业管理企业按照物业服务合同的约定，对房屋及配套的设施设备和相关场地进行维修、养护、管理，维护相关区域内的环境卫生和秩序，向业主所收取的费用。

第三条 国家提倡业主通过公开、公平、公正的市场竞争机制选择物业管理企业；鼓励物业管理企业开展正当的价格竞争，禁止价格欺诈，促进物业服务收费通过市场竞争形成。

第四条 国务院价格主管部门会同国务院建设行政主管部门负责

全国物业服务收费的监督管理工作。

县级以上地方人民政府价格主管部门会同同级房地产行政主管部门负责本行政区域内物业服务收费的监督管理工作。

第五条 物业服务收费应当遵循合理、公开以及费用与服务水平相适应的原则。

第六条 物业服务收费应当区分不同物业的性质和特点分别实行政府指导价和市场调节价。具体定价形式由省、自治区、直辖市人民政府价格主管部门会同房地产行政主管部门确定。

第七条 物业服务收费实行政府指导价的，有定价权限的人民政府价格主管部门应当会同房地产行政主管部门根据物业管理服务等级标准等因素，制定相应的基准价及其浮动幅度，并定期公布。具体收费标准由业主与物业管理企业根据规定的基准价和浮动幅度在物业服务合同中约定。

实行市场调节价的物业服务收费，由业主与物业管理企业在物业服务合同中约定。

第八条 物业管理企业应当按照政府价格主管部门的规定实行明码标价，在物业管理区域内的显著位置，将服务内容、服务标准以及收费项目、收费标准等有关情况进行公示。

第九条 业主与物业管理企业可以采取包干制或者酬金制等形式约定物业服务费用。

包干制是指由业主向物业管理企业支付固定物业服务费用，盈余或者亏损均由物业管理企业享有或者承担的物业服务计费方式。

酬金制是指在预收的物业服务资金中按约定比例或者约定数额提取酬金支付给物业管理企业，其余全部用于物业服务合同约定的支出，结余或者不足均由业主享有或者承担的物业服务计费方式。

第十条 建设单位与物业买受人签订的买卖合同，应当约定物业管理服务内容、服务标准、收费标准、计费方式及计费起始时间等内容，涉及物业买受人共同利益的约定应当一致。

第十一条 实行物业服务费用包干制的，物业服务费用的构成包括物业服务成本、法定税费和物业管理企业的利润。

实行物业服务费用酬金制的，预收的物业服务资金包括物业服务支出和物业管理企业的酬金。

物业服务成本或者物业服务支出构成一般包括以下部分：

1. 管理服务人员的工资、社会保险和按规定提取的福利费等；
2. 物业共用部位、共用设施设备的日常运行、维护费用；
3. 物业管理区域清洁卫生费用；
4. 物业管理区域绿化养护费用；
5. 物业管理区域秩序维护费用；
6. 办公费用；
7. 物业管理企业固定资产折旧；
8. 物业共用部位、共用设施设备及公众责任保险费用；
9. 经业主同意的其他费用。

物业共用部位、共用设施设备的大修、中修和更新、改造费用，应当通过专项维修资金予以列支，不得计入物业服务支出或者物业服务成本。

第十二条 实行物业服务费用酬金制的，预收的物业服务支出属于代管性质，为所交纳的业主所有，物业管理企业不得将其用于物业服务合同约定以外的支出。

物业管理企业应当向业主大会或者全体业主公布物业服务资金年度预决算并每年不少于一次公布物业服务资金的收支情况。

业主或者业主大会对公布的物业服务资金年度预决算和物业服务资金的收支情况提出质询时，物业管理企业应当及时答复。

第十三条 物业服务收费采取酬金制方式，物业管理企业或者业主大会可以按照物业服务合同约定聘请专业机构对物业服务资金年度预决算和物业服务资金的收支情况进行审计。

第十四条 物业管理企业在物业服务中应当遵守国家的价格法律法规，严格履行物业服务合同，为业主提供质价相符的服务。

第十五条 业主应当按照物业服务合同的约定按时足额交纳物业

服务费用或者物业服务资金。业主违反物业服务合同约定逾期不交纳服务费用或者物业服务资金的，业主委员会应当督促其限期交纳；逾期仍不交纳的，物业管理企业可以依法追缴。

业主与物业使用人约定由物业使用人交纳物业服务费用或者物业服务资金的，从其约定，业主负连带交纳责任。

物业发生产权转移时，业主或者物业使用人应当结清物业服务费用或者物业服务资金。

第十六条 纳入物业管理范围的已竣工但尚未出售，或者因开发建设单位原因未按时交给物业买受人的物业，物业服务费用或者物业服务资金由开发建设单位全额交纳。

第十七条 物业管理区域内，供水、供电、供气、供热、通讯、有线电视等单位应当向最终用户收取有关费用。物业管理企业接受委托代收上述费用的，可向委托单位收取手续费，不得向业主收取手续费等额外费用。

第十八条 利用物业共用部位、共用设施设备进行经营的，应当在征得相关业主、业主大会、物业管理企业的同意后，按照规定办理有关手续。业主所得收益应当主要用于补充专项维修资金，也可以按照业主大会的决定使用。

第十九条 物业管理企业已接受委托实施物业服务并相应收取服务费用的，其他部门和单位不得重复收取性质和内容相同的费用。

第二十条 物业管理企业根据业主的委托提供物业服务合同约定以外的服务，服务收费由双方约定。

第二十一条 政府价格主管部门会同房地产行政主管部门，应当加强对物业管理企业的服务内容、标准和收费项目、标准的监督。物业管理企业违反价格法律、法规和规定，由政府价格主管部门依据《中华人民共和国价格法》和《价格违法行为行政处罚规定》予以处罚。

第二十二条 各省、自治区、直辖市人民政府价格主管部门、房地产行政主管部门可以依据本办法制定具体实施办法，并报国家发展和改革委员会、建设部备案。

第二十三条 本办法由国家发展和改革委员会会同建设部负责解释。

第二十四条 本办法自 2004 年 1 月 1 日起执行，原国家计委、建设部印发的《城市住宅小区物业管理服务收费暂行办法》（计价费〔1996〕266 号）同时废止。

最高人民法院关于审理物业服务纠纷案件具体应用法律若干问题的解释

法释〔2009〕8号

(2009年4月20日最高人民法院审判委员会第1466次会议通过)

为正确审理物业服务纠纷案件,依法保护当事人的合法权益,根据《中华人民共和国民法通则》、《中华人民共和国物权法》、《中华人民共和国合同法》等法律规定,结合民事审判实践,制定本解释。

第一条 建设单位依法与物业服务企业签订的前期物业服务合同,以及业主委员会与业主大会依法选聘的物业服务企业签订的物业服务合同,对业主具有约束力。业主以其并非合同当事人为由提出抗辩的,人民法院不予支持。

第二条 符合下列情形之一,业主委员会或者业主请求确认合同或者合同相关条款无效的,人民法院应予支持:

(一)物业服务企业将物业服务区域内的全部物业服务业务一并委托他人而签订的委托合同;

(二)物业服务合同中免除物业服务企业责任、加重业主委员会或者业主责任、排除业主委员会或者业主主要权利的条款。

前款所称物业服务合同包括前期物业服务合同。

第三条 物业服务企业不履行或者不完全履行物业服务合同约定的或者法律、法规规定以及相关行业规范确定的维修、养护、管理和维护义务,业主请求物业服务企业承担继续履行、采取补救措施或者赔偿损失等违约责任的,人民法院应予支持。

物业服务企业公开作出的服务承诺及制定的服务细则,应当认定为物业服务合同的组成部分。

第四条 业主违反物业服务合同或者法律、法规、管理规约,实施妨害物业服务与管理的行为,物业服务企业请求业主承担恢复原状、停止侵害、排除妨害等相应民事责任的,人民法院应予支持。

第五条 物业服务企业违反物业服务合同约定或者法律、法规、部门规章规定,擅自扩大收费范围、提高收费标准或者重复收费,业主以违规收费为由提出抗辩的,人民法院应予支持。

业主请求物业服务企业退还其已收取的违规费用的,人民法院应予支持。

第六条 经书面催交,业主无正当理由拒绝交纳或者在催告的合理期限内仍未交纳物业费,物业服务企业请求业主支付物业费的,人民法院应予支持。物业服务企业已经按照合同约定以及相关规定提供服务,业主仅以未享受或者无需接受相关物业服务为抗辩理由的,人民法院不予支持。

第七条 业主与物业的承租人、借用人或者其他物业使用人约定由物业使用人交纳物业费,物业服务企业请求业主承担连带责任的,人民法院应予支持。

第八条 业主大会按照物权法第七十六条规定的程序作出解聘物业服务企业的决定后,业主委员会请求解除物业服务合同的,人民法院应予支持。

物业服务企业向业主委员会提出物业费主张的,人民法院应当告知其向拖欠物业费的业主另行主张权利。

第九条 物业服务合同的权利义务终止后,业主请求物业服务企业退还已经预收,但尚未提供物业服务期间的物业费的,人民法院应予支持。

物业服务企业请求业主支付拖欠的物业费的,按照本解释第六条规定处理。

第十条 物业服务合同的权利义务终止后,业主委员会请求物业服务企业退出物业服务区域、移交物业服务用房和相关设施,以及物业服务所必需的相关资料和由其代管的专项维修资金的,人民法院应予支持。

物业服务企业拒绝退出、移交，并以存在事实上的物业服务关系为由，请求业主支付物业服务合同权利义务终止后的物业费的，人民法院不予支持。

第十一条 本解释涉及物业服务企业的规定，适用于物权法第七十六条、第八十一条、第八十二条所称其他管理人。

第十二条 因物业的承租人、借用人或者其他物业使用人实施违反物业服务合同，以及法律、法规或者管理规约的行为引起的物业服务纠纷，人民法院应当参照本解释关于业主的规定处理。

第十三条 本解释自 2009 年 10 月 1 日起施行。

本解释施行前已经终审，本解释施行后当事人申请再审或者按照审判监督程序决定再审的案件，不适用本解释。

普通住宅小区物业管理服务等级标准（试行）

中国物业管理协会关于印发《普通住宅小区物业管理服务等级标准（试行）》的通知

中物协〔2004〕1号

各物业管理企业：

为了提高物业管理服务水平，督促物业管理企业提供质价相符的服务，引导业主正确评判物业管理企业服务质量，树立等价有偿的消费观念，促进物业管理规范发展，根据国家发展与改革委员会会同建设部印发的《物业服务收费管理办法》，我会制定了《普通住宅小区物业管理服务等级标准》（试行），现印发给你们，作为与开发建设单位或业主大会签订物业服务合同、确定物业服务等级、约定物业服务项目、内容与标准以及测算物业服务价格的参考依据。试行中的情况，请及时告我会秘书处。

中国物业管理协会
2004年1月6日

一 级

项目内容与标准

（一）基本要求

1. 服务与被服务双方签订规范的物业服务合同，双方权利义务关系明确。

2. 承接项目时，对住宅小区共用部位、共用设施设备进行认真查验，验收手续齐全。

3. 管理人员、专业操作人员按照国家有关规定取得物业管理职业资格证书或者岗位证书。

4. 有完善的物业管理方案，质量管理、财务管理、档案管理等制度健全。

5. 管理服务人员统一着装、佩戴标志，行为规范，服务主动、热情。

6. 设有服务接待中心，公示24小时服务电话。急修半小时内、其他报修按双方约定时间到达现场，有完整的报修、维修和回访记录。

7. 根据业主需求，提供物业服务合同之外的特约服务和代办服务的，公示服务项目与收费价目。

8. 按有关规定和合同约定公布物业服务费用或者物业服务资金的收支情况。

9. 按合同约定规范使用住房专项维修资金。

10. 每年至少1次征询业主对物业服务的意见，满意率80%以上。

（二）房屋管理

1. 对房屋共用部位进行日常管理和维修养护，检修记录和保养记录齐全。

2. 根据房屋实际使用年限，定期检查房屋共用部位的使用状况，需要维修，属于小修范围的，及时组织修复；属于大、中修范围的，及时编制维修计划和住房专项维修资金使用计划，向业主大会或者业主委员会提出报告与建议，根据业主大会的决定，组织维修。

3. 每日巡查1次小区房屋单元门、楼梯通道以及其他共用部位的门窗、玻璃等，做好巡查记录，并及时维修养护。

4. 按照住宅装饰装修管理有关规定和业主公约（业主临时公约）要求，建立完善的住宅装饰装修管理制度。装修前，依规定审核业主（使用人）的装修方案，告知装修人有关装饰装修的禁止行为和注意事项。每日巡查1次装修施工现场，发现影响房屋外观、危及房屋结构安全及拆改共用管线等损害公共利益现象的，及时劝阻并报告业主委员会和有关主管部门。

5. 对违反规划私搭乱建和擅自改变房屋用途的行为及时劝阻，并报告业主委员会和有关主管部门。

6. 小区主出入口设有小区平面示意图，主要路口设有路标。各组团、栋及单元（门）、户和公共配套设施、场地有明显标志。

（三）共用设施设备维修养护

1. 对共用设施设备进行日常管理和维修养护（依法应由专业部门负责的除外）。

2. 建立共用设施设备档案（设备台帐），设施设备的运行、检查、维修、保养等记录齐全。

3. 设施设备标志齐全、规范，责任人明确；操作维护人员严格执行设施设备操作规程及保养规范；设施设备运行正常。

4. 对共用设施设备定期组织巡查，做好巡查记录，需要维修，属于小修范围的，及时组织修复；属于大、中修范围或者需要更新改造的，及时编制维修、更新改造计划和住房专项维修资金使用计划，向业主大会或业主委员会提出报告与建议，根据业主大会的决定，组织维修或者更新改造。

5. 载人电梯24小时正常运行。

6. 消防设施设备完好，可随时启用；消防通道畅通。

7. 设备房保持整洁、通风，无跑、冒、滴、漏和鼠害现象。

8. 小区道路平整，主要道路及停车场交通标志齐全、规范。

9. 路灯、楼道灯完好率不低于95%。

10. 容易危及人身安全的设施设备有明显警示标志和防范措施；对可能发生的各种突发设备故障有应急方案。

（四）协助维护公共秩序

1. 小区主出入口24小时站岗值勤。

2. 对重点区域、重点部位每1小时至少巡查1次；配有安全监控设施的，实施24小时监控。

3. 对进出小区的车辆实施证、卡管理，引导车辆有序通行、停放。

4. 对进出小区的装修、家政等劳务人员实行临时出入证管理。

5. 对火灾、治安、公共卫生等突发事件有应急预案，事发时及时报告业主委员会和有关部门，并协助采取相应措施。

（五）保洁服务

1. 高层按层、多层按幢设置垃圾桶，每日清运2次。垃圾袋装化，保持垃圾桶清洁、无异味。

2. 合理设置果壳箱或者垃圾桶，每日清运2次。

3. 小区道路、广场、停车场、绿地等每日清扫2次；电梯厅、楼道每日清扫2次，每周拖洗1次；一层共用大厅每日拖洗1次；楼梯扶手每日擦洗1次；共用部位玻璃每周清洁1次；路灯、楼道灯每月清洁1次。及时清除道路积水、积雪。

4. 共用雨、污水管道每年疏通1次；雨、污水井每月检查1次，视检查情况及时清掏；化粪池每月检查1次，每半年清掏1次，发现异常及时清掏。

5. 二次供水水箱按规定清洗，定时巡查，水质符合卫生要求。

6. 根据当地实际情况定期进行消毒和灭虫除害。

（六）绿化养护管理

1. 有专业人员实施绿化养护管理。

2. 草坪生长良好，及时修剪和补栽补种，无杂草、杂物。

3. 花卉、绿篱、树木应根据其品种和生长情况，及时修剪整形，保持观赏效果。

4. 定期组织浇灌、施肥和松土，做好防涝、防冻。

5. 定期喷洒药物，预防病虫害。

二 级

项目内容与标准

（一）基本要求

1. 服务与被服务双方签订规范的物业服务合同，双方权利义务关系明确。

2. 承接项目时，对住宅小区共用部位、共用设施设备进行认真查验，验收手续齐全。

3. 管理人员、专业操作人员按照国家有关规定取得物业管理职业资格证书或者岗位证书。

4. 有完善的物业管理方案，质量管理、财务管理、档案管理等制度健全。

5. 管理服务人员统一着装、佩戴标志，行为规范，服务主动、热情。

6. 公示 16 小时服务电话。急修 1 小时内、其他报修按双方约定时间到达现场，有报修、维修和回访记录。

7. 根据业主需求，提供物业服务合同之外的特约服务和代办服务的，公示服务项目与收费价目。

8. 按有关规定和合同约定公布物业服务费用或者物业服务资金的收支情况。

9. 按合同约定规范使用住房专项维修资金。

10. 每年至少 1 次征询业主对物业服务的意见，满意率 75% 以上。

（二）房屋管理

1. 对房屋共用部位进行日常管理和维修养护，检修记录和保养记录齐全。

2. 根据房屋实际使用年限，适时检查房屋共用部位的使用状况，需要维修，属于小修范围的，及时组织修复；属于大、中修范围的，及时编制维修计划和住房专项维修资金使用计划，向业主大会或者业主委员会提出报告与建议，根据业主大会的决定，组织维修。

3. 每 3 日巡查 1 次小区房屋单元门、楼梯通道以及其他共用部位的门窗、玻璃等，做好巡查记录，并及时维修养护。

4. 按照住宅装饰装修管理有关规定和业主公约（业主临时公约）要求，建立完善的住宅装饰装修管理制度。装修前，依规定审核业主（使用人）的装修方案，告知装修人有关装饰装修的禁止行为和注意事项。每 3 日巡查 1 次装修施工现场，发现影响房屋外观、危及房屋结构安全及拆改共用管线等损害公共利益现象的，及时劝阻并报告业主委员会和有关主管部门。

5. 对违反规划私搭乱建和擅自改变房屋用途的行为及时劝阻，并报告业主委员会和有关主管部门。

6. 小区主出入口设有小区平面示意图，各组团、栋及单元（门）、户有明显标志。

（三）共用设施设备维修养护

1. 对共用设施设备进行日常管理和维修养护（依法应由专业部门负责的除外）。

2. 建立共用设施设备档案（设备台帐），设施设备的运行、检查、维修、保养等记录齐全。

3. 设施设备标志齐全、规范，责任人明确；操作维护人员严格执行设施设备操作规程及保养规范；设施设备运行正常。

4. 对共用设施设备定期组织巡查，做好巡查记录，需要维修，属于小修范围的，及时组织修复；属于大、中修范围或者需要更新改造的，及时编制维修、更新改造计划和住房专项维修资金使用计划，向业主大会或业主委员会提出报告与建议，根据业主大会的决定，组织维修或者更新改造。

5. 载人电梯早 6 点至晚 12 点正常运行。

6. 消防设施设备完好，可随时启用；消防通道畅通。

7. 设备房保持整洁、通风，无跑、冒、滴、漏和鼠害现象。

8. 小区主要道路及停车场交通标志齐全。

9. 路灯、楼道灯完好率不低于 90%。

10. 容易危及人身安全的设施设备有明显警示标志和防范措施；对可能发生的各种突发设备故障有应急方案。

（四）协助维护公共秩序

1. 小区主出入口 24 小时值勤。

2. 对重点区域、重点部位每 2 小时至少巡查 1 次。

3. 对进出小区的车辆进行管理，引导车辆有序通行、停放。

4. 对进出小区的装修等劳务人员实行登记管理。

5. 对火灾、治安、公共卫生等突发事件有应急预案，事发时及时报告业主委员会和有关部门，并协助采取相应措施。

（五）保洁服务

1. 按幢设置垃圾桶，生活垃圾每天清运 1 次。

2. 小区道路、广场、停车场、绿地等每日清扫1次；电梯厅、楼道每日清扫1次，半月拖洗1次；楼梯扶手每周擦洗2次；共用部位玻璃每月清洁1次；路灯、楼道灯每季度清洁1次。及时清除区内主要道路积水、积雪。

3. 区内公共雨、污水管道每年疏通1次；雨、污水井每季度检查1次，并视检查情况及时清掏；化粪池每2个月检查1次，每年清掏1次，发现异常及时清掏。

4. 二次供水水箱按规定期清洗，定时巡查，水质符合卫生要求。

5. 根据当地实际情况定期进行消毒和灭虫除害。

（六）绿化养护管理

1. 有专业人员实施绿化养护管理。

2. 对草坪、花卉、绿篱、树木定期进行修剪、养护。

3. 定期清除绿地杂草、杂物。

4. 适时组织浇灌、施肥和松土，做好防涝、防冻。

5. 适时喷洒药物，预防病虫害。

三 级

项目内容与标准

（一）基本要求

1. 服务与被服务双方签订规范的物业服务合同，双方权利义务关系明确。

2. 承接项目时，对住宅小区共用部位、共用设施设备进行认真查验，验收手续齐全。

3. 管理人员、专业操作人员按照国家有关规定取得物业管理职业资格证书或者岗位证书。

4. 有完善的物业管理方案，质量管理、财务管理、档案管理等制度健全。

5. 管理服务人员佩戴标志，行为规范，服务主动、热情。

6. 公示8小时服务电话。报修按双方约定时间到达现场，有报修、维修记录。

7. 按有关规定和合同约定公布物业服务费用或者物业服务资金的收支情况。

8. 按合同约定规范使用住房专项维修资金。

9. 每年至少 1 次征询业主对物业服务的意见，满意率 70%以上。

（二）房屋管理

1. 对房屋共用部位进行日常管理和维修养护，检修记录和保养记录齐全。

2. 根据房屋实际使用年限，检查房屋共用部位的使用状况，需要维修，属于小修范围的，及时组织修复；属于大、中修范围的，及时编制维修计划和住房专项维修资金使用计划，向业主大会或者业主委员会提出报告与建议，根据业主大会的决定，组织维修。

3. 每周巡查 1 次小区房屋单元门、楼梯通道以及其他共用部位的门窗、玻璃等，定期维修养护。

4. 按照住宅装饰装修管理有关规定和业主公约（业主临时公约）要求，建立完善的住宅装饰装修管理制度。装修前，依规定审核业主（使用人）的装修方案，告知装修人有关装饰装修的禁止行为和注意事项。至少两次巡查装修施工现场，发现影响房屋外观、危及房屋结构安全及拆改共用管线等损害公共利益现象的，及时劝阻并报告业主委员会和有关主管部门。

5. 对违反规划私搭乱建和擅自改变房屋用途的行为及时劝阻，并报告业主委员会和有关主管部门。

6. 各组团、栋、单元（门）、户有明显标志。

（三）共用设施设备维修养护

1. 对共用设施设备进行日常管理和维修养护（依法应由专业部门负责的除外）。

2. 建立共用设施设备档案（设备台帐），设施设备的运行、检修等记录齐全。

3. 操作维护人员严格执行设施设备操作规程及保养规范；设施设

备运行正常。

4. 对共用设施设备定期组织巡查,做好巡查记录,需要维修,属于小修范围的,及时组织修复;属于大、中修范围或者需要更新改造的,及时编制维修、更新改造计划和住房专项维修资金使用计划,向业主大会或业主委员会提出报告与建议,根据业主大会的决定,组织维修或者更新改造。

5. 载人电梯早6点至晚12点正常运行。

6. 消防设施设备完好,可随时启用;消防通道畅通。

7. 路灯、楼道灯完好率不低于80%。

8. 容易危及人身安全的设施设备有明显警示标志和防范措施;对可能发生的各种突发设备故障有应急方案。

(四)协助维护公共秩序

1. 小区24小时值勤。

2. 对重点区域、重点部位每3小时至少巡查1次。

3. 车辆停放有序。

4. 对火灾、治安、公共卫生等突发事件有应急预案,事发时及时报告业主委员会和有关部门,并协助采取相应措施。

(五)保洁服务

1. 小区内设有垃圾收集点,生活垃圾每天清运1次。

2. 小区公共场所每日清扫1次;电梯厅、楼道每日清扫1次;共用部位玻璃每季度清洁1次;路灯、楼道灯每半年清洁1次。

3. 区内公共雨、污水管道每年疏通1次;雨、污水井每半年检查1次,并视检查情况及时清掏;化粪池每季度检查1次,每年清掏1次,发现异常及时清掏。

4. 二次供水水箱按规定清洗,水质符合卫生要求。

(六)绿化养护管理

1. 对草坪、花卉、绿篱、树木定期进行修剪、养护。

2. 定期清除绿地杂草、杂物。

3. 预防花草、树木病虫害。

住宅室内装饰装修管理办法

中华人民共和国建设部令

第 110 号

《住宅室内装饰装修管理办法》已于 2002 年 2 月 26 日经第 53 次部常务会议讨论通过，现予发布，自 2002 年 5 月 1 日起施行。

建设部部长
二〇〇二年三月五日

（2002 年 2 月 26 日经建设部第 53 次部常务会议讨论通过；根据 2011 年 1 月 26 日中华人民共和国住房和城乡建设部令第 9 号《住房和城乡建设部关于废止和修改部分规章的决定》修改）

第一章 总 则

第一条 为加强住宅室内装饰装修管理，保证装饰装修工程质量和安全，维护公共安全和公众利益，根据有关法律、法规，制定本办法。

第二条 在城市从事住宅室内装饰装修活动，实施对住宅室内装饰装修活动的监督管理，应当遵守本办法。

本办法所称住宅室内装饰装修，是指住宅竣工验收合格后，业主或者住宅使用人（以下简称装修人）对住宅室内进行装饰装修的建筑活动。

第三条 住宅室内装饰装修应当保证工程质量和安全，符合工程建设强制性标准。

第四条 国务院建设行政主管部门负责全国住宅室内装饰装修活动的管理工作。

省、自治区人民政府建设行政主管部门负责本行政区域内的住宅室内装饰装修活动的管理工作。

直辖市、市、县人民政府房地产行政主管部门负责本行政区域内的住宅室内装饰装修活动的管理工作。

第二章 一般规定

第五条 住宅室内装饰装修活动，禁止下列行为：

（一）未经原设计单位或者具有相应资质等级的设计单位提出设计方案，变动建筑主体和承重结构；

（二）将没有防水要求的房间或者阳台改为卫生间、厨房间；

（三）扩大承重墙上原有的门窗尺寸，拆除连接阳台的砖、混凝土墙体；

（四）损坏房屋原有节能设施，降低节能效果；

（五）其他影响建筑结构和使用安全的行为。

本办法所称建筑主体，是指建筑实体的结构构造，包括屋盖、楼盖、梁、柱、支撑、墙体、连接接点和基础等。

本办法所称承重结构，是指直接将本身自重与各种外加作用力系统地传递给基础地基的主要结构构件及其连接接点，包括承重墙体、立杆、柱、框架柱、支墩、楼板、梁、屋架、悬索等。

第六条 装修人从事住宅室内装饰装修活动，未经批准，不得有下列行为：

（一）搭建建筑物、构筑物；

（二）改变住宅外立面，在非承重外墙上开门、窗；

（三）拆改供暖管道和设施；

（四）拆改燃气管道和设施。

本条所列第（一）项、第（二）项行为，应当经城市规划行政主管部门批准；第（三）项行为，应当经供暖管理单位批准；第（四）

项行为应当经燃气管理单位批准。

第七条 住宅室内装饰装修超过设计标准或者规范增加楼面荷载的,应当经原设计单位或者具有相应资质等级的设计单位提出设计方案。

第八条 改动卫生间、厨房间防水层的,应当按照防水标准制订施工方案,并做闭水试验。

第九条 装修人经原设计单位或者具有相应资质等级的设计单位提出设计方案变动建筑主体和承重结构的,或者装修活动涉及本办法第六条、第七条、第八条内容的,必须委托具有相应资质的装饰装修企业承担。

第十条 装饰装修企业必须按照工程建设强制性标准和其他技术标准施工,不得偷工减料,确保装饰装修工程质量。

第十一条 装饰装修企业从事住宅室内装饰装修活动,应当遵守施工安全操作规程,按照规定采取必要的安全防护和消防措施,不得擅自动用明火和进行焊接作业,保证作业人员和周围住房及财产的安全。

第十二条 装修人和装饰装修企业从事住宅室内装饰装修活动,不得侵占公共空间,不得损害公共部位和设施。

第三章 开工申报与监督

第十三条 装修人在住宅室内装饰装修工程开工前,应当向物业管理企业或者房屋管理机构(以下简称物业管理单位)申报登记。

非业主的住宅使用人对住宅室内进行装饰装修,应当取得业主的书面同意。

第十四条 申报登记应当提交下列材料:

(一)房屋所有权证(或者证明其合法权益的有效凭证);

(二)申请人身份证件;

(三)装饰装修方案;

(四)变动建筑主体或者承重结构的,需提交原设计单位或者具有相应资质等级的设计单位提出的设计方案；

（五）涉及本办法第六条行为的，需提交有关部门的批准文件，涉及本办法第七条、第八条行为的，需提交设计方案或者施工方案；

（六）委托装饰装修企业施工的，需提供该企业相关资质证书的复印件。

非业主的住宅使用人，还需提供业主同意装饰装修的书面证明。

第十五条 物业管理单位应当将住宅室内装饰装修工程的禁止行为和注意事项告知装修人和装修人委托的装饰装修企业。

装修人对住宅进行装饰装修前，应当告知邻里。

第十六条 装修人，或者装修人和装饰装修企业，应当与物业管理单位签订住宅室内装饰装修管理服务协议。

住宅室内装饰装修管理服务协议应当包括下列内容：

（一）装饰装修工程的实施内容；

（二）装饰装修工程的实施期限；

（三）允许施工的时间；

（四）废弃物的清运与处置；

（五）住宅外立面设施及防盗窗的安装要求；

（六）禁止行为和注意事项；

（七）管理服务费用；

（八）违约责任；

（九）其他需要约定的事项。

第十七条 物业管理单位应当按照住宅室内装饰装修管理服务协议实施管理，发现装修人或者装饰装修企业有本办法第五条行为的，或者未经有关部门批准实施本办法第六条所列行为的，或者有违反本办法第七条、第八条、第九条规定行为的，应当立即制止；已造成事实后果或者拒不改正的，应当及时报告有关部门依法处理。对装修人或者装饰装修企业违反住宅室内装饰装修管理服务协议的，追究违约责任。

第十八条 有关部门接到物业管理单位关于装修人或者装饰装

企业有违反本办法行为的报告后,应当及时到现场检查核实,依法处理。

第十九条 禁止物业管理单位向装修人指派装饰装修企业或者强行推销装饰装修材料。

第二十条 装修人不得拒绝和阻碍物业管理单位依据住宅室内装饰装修管理服务协议的约定,对住宅室内装饰装修活动的监督检查。

第二十一条 任何单位和个人对住宅室内装饰装修中出现的影响公众利益的质量事故、质量缺陷以及其他影响周围住户正常生活的行为,都有权检举、控告、投诉。

第四章　委托与承接

第二十二条 承接住宅室内装饰装修工程的装饰装修企业,必须经建设行政主管部门资质审查,取得相应的建筑业企业资质证书,并在其资质等级许可的范围内承揽工程。

第二十三条 装修人委托企业承接其装饰装修工程的,应当选择具有相应资质等级的装饰装修企业。

第二十四条 装修人与装饰装修企业应当签订住宅室内装饰装修书面合同,明确双方的权利和义务。

住宅室内装饰装修合同应当包括下列主要内容:

(一)委托人和被委托人的姓名或者单位名称、住所地址、联系电话;

(二)住宅室内装饰装修的房屋间数、建筑面积,装饰装修的项目、方式、规格、质量要求以及质量验收方式;

(三)装饰装修工程的开工、竣工时间;

(四)装饰装修工程保修的内容、期限;

(五)装饰装修工程价格,计价和支付方式、时间;

(六)合同变更和解除的条件;

(七)违约责任及解决纠纷的途径;

(八)合同的生效时间;

（九）双方认为需要明确的其他条款。

第二十五条 住宅室内装饰装修工程发生纠纷的，可以协商或者调解解决。不愿协商、调解或者协商、调解不成的，可以依法申请仲裁或者向人民法院起诉。

第五章 室内环境质量

第二十六条 装饰装修企业从事住宅室内装饰装修活动，应当严格遵守规定的装饰装修施工时间，降低施工噪音，减少环境污染。

第二十七条 住宅室内装饰装修过程中所形成的各种固体、可燃液体等废物，应当按照规定的位置、方式和时间堆放和清运。严禁违反规定将各种固体、可燃液体等废物堆放于住宅垃圾道、楼道或者其他地方。

第二十八条 住宅室内装饰装修工程使用的材料和设备必须符合国家标准，有质量检验合格证明和有中文标识的产品名称、规格、型号、生产厂厂名、厂址等。禁止使用国家明令淘汰的建筑装饰装修材料和设备。

第二十九条 装修人委托企业对住宅室内进行装饰装修的，装饰装修工程竣工后，空气质量应当符合国家有关标准。装修人可以委托有资格的检测单位

第六章 竣工验收与保修

第三十条 住宅室内装饰装修工程竣工后，装修人应当按照工程设计合同约定和相应的质量标准进行验收。验收合格后，装饰装修企业应当出具住宅室内装饰装修质量保修书。

物业管理单位应当按照装饰装修管理服务协议进行现场检查，对违反法律、法规和装饰装修管理服务协议的，应当要求装修人和装饰装修企业纠正，并将检查记录存档。

第三十一条 住宅室内装饰装修工程竣工后，装饰装修企业负责采购装饰装修材料及设备的，应当向业主提交说明书、保修单和环保

说明书。

第三十二条 在正常使用条件下，住宅室内装饰装修工程的最低保修期限为二年，有防水要求的厨房、卫生间和外墙面的防渗漏为五年。保修期自住宅室内装饰装修工程竣工验收合格之日起计算。

第七章 法律责任

第三十三条 因住宅室内装饰装修活动造成相邻住宅的管道堵塞、渗漏水、停水停电、物品毁坏等，装修人应当负责修复和赔偿；属于装饰装修企业责任的，装修人可以向装饰装修企业追偿。

装修人擅自拆改供暖、燃气管道和设施造成损失的，由装修人负责赔偿。

第三十四条 装修人因住宅室内装饰装修活动侵占公共空间，对公共部位和设施造成损害的，由城市房地产行政主管部门责令改正，造成损失的，依法承担赔偿责任。

第三十五条 装修人未申报登记进行住宅室内装饰装修活动的，由城市房地产行政主管部门责令改正，处5百元以上1千元以下的罚款。

第三十六条 装修人违反本办法规定，将住宅室内装饰装修工程委托给不具有相应资质等级企业的，由城市房地产行政主管部门责令改正，处5百元以上1千元以下的罚款。

第三十七条 装饰装修企业自行采购或者向装修人推荐使用不符合国家标准的装饰装修材料，造成空气污染超标的，由城市房地产行政主管部门责令改正，造成损失的，依法承担赔偿责任。

第三十八条 住宅室内装饰装修活动有下列行为之一的，由城市房地产行政主管部门责令改正，并处罚款：

（一）将没有防水要求的房间或者阳台改为卫生间、厨房间的，或者拆除连接阳台的砖、混凝土墙体的，对装修人处5百元以上1千元以下的罚款，对装饰装修企业处1千元以上1万元以下的罚款；

（二）损坏房屋原有节能设施或者降低节能效果的，对装饰装修企业处 1 千元以上 5 千元以下的罚款；

（三）擅自拆改供暖、燃气管道和设施的，对装修人处 5 百元以上 1 千元以下的罚款；

（四）未经原设计单位或者具有相应资质等级的设计单位提出设计方案，擅自超过设计标准或者规范增加楼面荷载的，对装修人处 5 百元以上 1 千元以下的罚款，对装饰装修企业处 1 千元以上 1 万元以下的罚款。

第三十九条 未经城市规划行政主管部门批准，在住宅室内装饰装修活动中搭建建筑物、构筑物的，或者擅自改变住宅外立面、在非承重外墙上开门、窗的，由城市规划行政主管部门按照《中华人民共和国城乡规划法》及相关法规的规定处罚。

第四十条 装修人或者装饰装修企业违反《建设工程质量管理条例》的，由建设行政主管部门按照有关规定处罚。

第四十一条 装饰装修企业违反国家有关安全生产规定和安全生产技术规程，不按照规定采取必要的安全防护和消防措施，擅自动明火作业和进行焊接作业的，或者对建筑安全事故隐患不采取措施予以消除的，由建设行政主管部门责令改正，并处 1 千元以上 1 万元以下的罚款；情节严重的，责令停业整顿，并处 1 万元以上 3 万元以下的罚款；造成重大安全事故的，降低资质等级或者吊销资质证书。

第四十二条 物业管理单位发现装修人或者装饰装修企业有违反本办法规定的行为不及时向有关部门报告的，由房地产行政主管部门给予警告，可处装饰装修管理服务协议约定的装饰装修管理服务费 2 至 3 倍的罚款。

第四十三条 有关部门的工作人员接到物业管理单位对装修人或者装饰装修企业违法行为的报告后，未及时处理，玩忽职守的，依法给予行政处分。

第八章 附 则

第四十四条 工程投资额在 30 万元以下或者建筑面积在 300 平方

米以下，可以不申请办理施工许可证的非住宅装饰装修活动参照本办法执行。

  第四十五条 住宅竣工验收合格前的装饰装修工程管理，按照《建设工程质量管理条例》执行。

  第四十六条 省、自治区、直辖市人民政府建设行政主管部门可以依据本办法，制定实施细则。

  第四十七条 本办法由国务院建设行政主管部门负责解释。

  第四十八条 本办法自 2002 年 5 月 1 日起施行。

城市社区档案管理办法

中华人民共和国国家档案局
中华人民共和国民政部令
第 11 号

《城市社区档案管理办法》已经 2015 年 10 月 12 日国家档案局局务会议、2015 年 9 月 29 日民政部部务会议审议通过,现予以公布,自 2016 年 1 月 1 日起施行。

国家档案局局长
中华人民共和国民政部部长
2015 年 11 月 23 日

第一条 为规范城市社区档案(以下简称社区档案)管理,根据《中华人民共和国档案法》《中华人民共和国城市居民委员会组织法》和国家有关规定,制定本办法。

第二条 本办法所称社区档案,是指城市社区党组织、居民委员会、社区服务机构、社区社会组织(以下简称社区各类组织)和居民在社区建设中形成的具有保存价值的各种文字、图表、声像、电子数据等不同形式和载体的历史记录。

第三条 社区档案工作在业务上接受街道办事处(乡镇人民政府)以及档案行政管理部门和民政部门的监督和指导。

第四条 社区党组织和居民委员会应当重视档案工作,加强组织领导,将档案工作纳入社区建设内容,促进档案工作与社区其他各项工作同步协调发展。

第五条 社区档案工作经费从社区的办公经费中列支,并应当满足实际工作的需要。

第六条 社区党组织或者居民委员会应当配备专门人员管理本社区各类档案，有条件的地方可以设立综合档案室。

档案管理人员应当经过档案专业知识培训，调离工作岗位时应当在离职前办理档案交接手续。

第七条 社区综合档案室或者档案管理人员负责宣传、贯彻和执行党和国家有关档案工作的法律法规和标准规范，指导、监督本社区文件材料的归档、整理和移交工作。

第八条 社区档案由社区综合档案室或者档案管理人员集中统一管理，任何单位和个人不得据为己有或者擅自销毁。

第九条 社区建设中形成的文件材料可以分为文书类、科技类、会计类等三个大类，具体的归档范围和保管期限参照本办法附件。

第十条 社区文件材料的归档，应当符合以下要求：

（一）归档的文件材料应当齐全、完整、排列有序；装订结实、整齐；备考表填写真实、清楚；归档文件目录或者卷内文件目录明晰、准确；

（二）归档的文件材料中有照片或者复印件的，应当图文清晰；

（三）归档时间：

文书材料于次年 6 月底前归档；

科技文件材料在科技活动结束后 1 个月内归档；

会计材料由会计部门在会计年度终了后保管 1 年，于次年 3 月底前归档；

声像材料在活动结束或者办理完毕后随时归档；

实物材料及时归档；

电子文件按照《电子文件归档与管理规范》（GB/T18894）和《电子文件归档光盘技术要求和应用规范》（DA/T38）的要求整理。

第十一条 社区档案按照下列规则进行分类编号：

（一）文书档案按照年度——问题（社区党建、居民自治、社区管理、社区服务、社区治安等）进行分类，参照《归档文件整理规则》，以件为单位，按年度——问题——保管期限排列编号；

（二）科技档案中的基建档案按照工程项目分类整理，按照项目——时间排列编号；设备仪器档案按照型号分类整理，按照型号——时间排列编号；

（三）会计档案按照年度——类别（报表、账簿、凭证、其他）分类整理并排列编号；

第十二条 社区综合档案室或者档案管理人员应当设立专室或者专柜保管档案，采取有效的防火、防盗、防高温、防潮、防光、防尘、防鼠、防虫、防磁等措施，确保档案的完整与安全。

第十三条 档案管理人员应当定期对档案及其保管状况进行全面检查，并形成安全检查记录；如有破损、霉变、虫蛀、褪色等现象时，应当及时修补、复制或者进行其他技术处理。

对声像档案和电子档案，要定期检查信息记录的安全性，确保档案可读可用；有条件的地方要及时对声像档案进行数字化转化，以利于长期使用。

第十四条 社区综合档案室或者档案管理人员应当建立档案统计制度，对档案的收进和移出、保管数量、借阅和利用效果、销毁等情况，进行及时、准确的统计。

第十五条 社区综合档案室或者档案管理人员应当建立健全档案利用制度，为档案利用创造条件，简化手续，提供方便。

利用档案时应当按照规定办理手续，并及时做好利用效果登记。

档案管理人员应当认真检查归还档案，如发现有短缺、涂改、污损情况，要及时报告并追查。

第十六条 社区应当组织成立档案鉴定工作小组，对已到期档案及时进行鉴定。

鉴定工作小组由社区档案管理人员和形成档案的组织的人员（或者居民代表）组成，鉴定后应当形成档案鉴定报告。对失去保存价值的档案，应当清点核对并编制档案销毁清册，经过必要的审批手续后按照规定销毁。

禁止擅自销毁档案。档案销毁清册应当永久保存。

第十七条 社区档案应当依法保持齐全完整，不得随意将社区档案拆散、重新组合。

第十八条 社区综合档案室或者档案管理人员应当围绕社区中心工作和居民利用需求，加强档案信息资源的开发利用，积极开展档案编研工作。

第十九条 社区档案管理应当积极采用计算机等先进技术，逐步实现档案管理的信息化、现代化。

第二十条 涉及国家秘密、商业秘密和个人隐私等内容的档案的保管、利用，应当按照国家有关法律法规规定办理。

第二十一条 违反国家有关规定，对档案有损毁、丢失以及出卖、涂改、伪造、泄密等情况的，应当依法追究相关人员责任。构成犯罪的，依法追究刑事责任。

第二十二条 各省（自治区、直辖市）、新疆生产建设兵团档案行政管理部门商同级民政部门，可以结合当地实际情况制定本办法的实施细则。

第二十三条 本办法由国家档案局和民政部负责解释。

第二十四条 本办法自2016年1月1日起实施。

关于进一步规范社区卫生服务管理和提升服务质量的指导意见

国卫基层发〔2015〕93号

各省、自治区、直辖市卫生计生委、中医药管理局,新疆生产建设兵团卫生局:

为落实《中共中央 国务院关于深化医药卫生体制改革的意见》、《国务院关于促进健康服务业发展的若干意见》（国发〔2013〕40号）、《国务院关于加快发展养老服务业的若干意见》（国发〔2013〕35号）、《国务院关于进一步推进户籍制度改革的意见》（国发〔2014〕25号）、《国务院办公厅关于推进分级诊疗制度建设的指导意见》（国办发〔2015〕70号）等文件精神,现就进一步规范社区卫生服务管理,提升社区卫生服务质量和能力提出如下意见:

一、规范社区卫生服务机构设置与管理

(一)健全社区卫生服务机构网络

综合考虑区域内卫生计生资源、服务半径、服务人口以及城镇化、老龄化、人口流动迁移等因素,制定科学、合理的社区卫生服务机构设置规划,按照规划逐步健全社区卫生服务网络。在城市新建居住区或旧城改造过程中,要按有关要求同步规划建设社区卫生服务机构,鼓励与区域内养老机构联合建设。对流动人口密集地区,应当根据服务人口数量和服务半径等情况,适当增设社区卫生服务机构。对人口规模较大的县和县级市政府所在地,应当根据需要设置社区卫生服务机构或对现有卫生资源进行结构和功能改造,发展社区卫生服务。在推进农村社区建设过程中,应当因地制宜地同步完善农村社区卫生服务机构。城镇化进程中,村委会改居委会后,各地可根据实际情况,按有关标准将原村卫生室改造为社区卫生服务站或撤销村卫生室。

（二）充分发挥社会力量办医的积极作用

城市社区卫生服务网络的主体是社区卫生服务中心和社区卫生服务站，诊所、门诊部、医务室等其他承担初级诊疗任务的基层医疗卫生机构是社区卫生服务网络的重要组成部分。各地应当积极创造条件，鼓励社会力量举办基层医疗卫生机构，满足居民多样化的健康服务需求。鼓励各地积极探索通过政府购买服务的方式，对社会力量举办的基层医疗卫生机构提供的基本医疗卫生服务予以补助。

（三）规范全科医生执业注册

在社区卫生服务机构从事全科医疗（含中医）工作的临床医师，通过全科医师规范化培训或取得全科医学专业中高级技术职务任职资格的，注册为全科医学专业；通过省级卫生计生行政部门和中医药管理部门认可的全科医师转岗培训和岗位培训，其执业范围注册为全科医学，同时可加注相应类别的其他专业。各地要在2016年6月底前完成现有符合条件人员的注册变更工作，具体注册办法由省级卫生计生行政部门、中医药管理部门制定。

（四）改善社区卫生服务环境

社区卫生服务机构要为服务对象创造良好的就诊环境，规范科室布局，明确功能分区，保证服务环境和设施干净、整洁、舒适、温馨，体现人文关怀。预防接种、儿童保健、健康教育和中医药服务区域应当突出特色，营造适宜服务氛围；挂号、分诊、药房等服务区域鼓励实行开放式窗口服务。鼓励使用自助挂号、电子叫号、化验结果自助打印、健康自测等设施设备，改善居民就诊体验。规范使用社区卫生服务机构标识，统一社区卫生服务机构视觉识别系统，统一工作服装、铭牌、出诊包等，机构内部各种标识须清晰易辨识。保护就诊患者隐私权，有条件的应当做到一医一诊室。完善机构无障碍设施，创造无烟机构环境，做到社区卫生服务机构内全面禁止吸烟。

二、加强社区基本医疗和公共卫生服务能力建设

（五）提升社区医疗服务能力

社区卫生服务机构应当重点加强全科医学及中医科室建设，提高

常见病、多发病和慢性病的诊治能力。可根据群众需求，发展康复、口腔、妇科（妇女保健）、儿科（儿童保健）、精神（心理）等专业科室。综合考虑服务需求、老龄化进程、双向转诊需要和机构基础条件等因素，以市辖区为单位统筹规划社区卫生服务机构病床规模，合理设置每个社区卫生服务机构床位数，提高床位使用效率。社区卫生服务机构病床以护理、康复为主，有条件的可设置临终关怀、老年养护病床。乡镇卫生院转型为社区卫生服务中心的，其住院床位和内设科室可根据实际需要予以保留或调整。根据分级诊疗工作需要，按照有关规定和要求配备所需药品品种，满足患者用药需求。

（六）加强与公立医院上下联动

支持社区卫生服务机构与公立医院之间建立固定协作关系，探索推动医疗联合体建设。协作医院应当为社区卫生服务机构预留一定比例的门诊号源，开通转诊绿色通道，优先安排转诊患者就诊。鼓励公立医院医生到社区卫生服务机构多点执业，通过坐诊、带教、查房等多种方式，提升社区卫生服务能力。以高血压、糖尿病、结核病等疾病为切入点，搭建全科医生与公立医院专科医生联系沟通平台，加强分工协作，上下联动，探索社区首诊和双向转诊制度。逐步建立公立医院出院患者跟踪服务制度，为下转患者提供连续性服务。推进远程医疗系统建设，开展远程会诊、医学影像、心电诊断等远程医疗服务。充分利用公立医院等资源，发展集中检验，推动检查检验互认，减少重复就医。

（七）落实社区公共卫生服务

充分利用居民健康档案、卫生统计数据、专项调查等信息，定期开展社区卫生诊断，明确辖区居民基本健康问题，制订人群健康干预计划。实施好国家基本公共卫生服务项目，不断扩大受益人群覆盖面。严格执行各项公共卫生服务规范和技术规范，按照服务流程为特定人群提供相关基本公共卫生服务，提高居民的获得感。加强社区卫生服务机构与专业公共卫生机构的分工协作，合理设置公共卫生服务岗位，进一步整合基本医疗和公共卫生服务，推动防治结合。在稳步提高公共卫生服务数量的同时，注重加强对公共卫生服务质量的监测和管理，关注健康管理效果。

（八）大力发展中医药服务

在基本医疗和公共卫生服务以及慢性病康复中，充分利用中医药资源，发挥中医药的优势和作用。有条件的社区卫生服务中心集中设置中医药综合服务区。加强合理应用中成药的宣传和培训，推广针灸、推拿、拔罐、中医熏蒸等适宜技术。积极开展中医"治未病"服务，为社区居民提供中医健康咨询、健康状态辨识评估及干预服务，大力推广普及中医药健康理念和知识。

（九）加强社区卫生人才队伍建设

合理配置社区卫生服务机构人员岗位结构，加强以全科医生、社区护士为重点的社区卫生人员队伍建设。继续加大对全科医生规范化培训的支持力度，积极采取措施，鼓励医学毕业生参加全科医生规范化培训。大力推进全科医生转岗培训，充实全科医生队伍。以提高实用技能为重点，加强社区卫生在岗人员培训和继续医学教育，社区卫生技术人员每5年累计参加技术培训时间不少于3个月。各地要定期开展社区卫生服务机构管理人员培训，培养一批懂业务、会管理、群众满意的管理人员。

三、转变服务模式，大力推进基层签约服务

（十）加强签约医生团队建设

签约医生团队由二级以上医院医师与基层医疗卫生机构的医务人员组成。根据辖区服务半径和服务人口，合理划分团队责任区域，实行网格化管理。签约医生团队应当掌握辖区居民主要健康问题，开展健康教育和健康促进、危险因素干预和疾病防治，实现综合、连续、有效的健康管理服务。到2020年，力争实现让每个家庭拥有一名合格的签约医生，每个居民有一份电子化的健康档案。

（十一）大力推行基层签约服务

推进签约医生团队与居民或家庭签订服务协议，建立契约式服务关系。在签约服务起始阶段，应当以老年人、慢性病和严重精神障碍患者、孕产妇、儿童、残疾人等长期利用社区卫生服务的人群为重点,逐步扩展到普通人群。在推进签约服务的过程中,要注重签约服务效果,明确签约服务内容和签约条件,确定双方应当承担的责任、权利、义务等事项,努力让居民通过签约服务能够获得更加便利的医疗卫生服务,引导居民主动签约。探索提供差异性服务、分类签约、有偿签约等多种签约服务形式,满足居民多层次服务需求。完善签约服务激励约束机制,签约服务费用主要由医保基金、签约居民付费和基本公共卫生服务经费等渠道解决。

(十二)开展便民服务

社区卫生服务机构要合理安排就诊时间,有条件的社区卫生服务机构应当适当延长就诊时间和周末、节假日开诊,实行错时服务,满足工作人群就诊需求。鼓励各地以慢性病患者管理、预防接种、儿童保健、孕产妇保健等相关服务对象为重点,逐步开展分时段预约诊疗服务。对重点人群开展定期随访,对有需要的病人进行上门访视。大力发展社区护理,鼓励开展居家护理服务。

(十三)做好流动人口社区卫生服务

各地要将农民工及其随迁家属纳入社区卫生服务机构服务范围,根据实际服务人口合理配置卫生技术人员,方便流动人群就近获得医疗卫生服务。流动人口按有关规定与居住地户籍人口同等享受免费基本公共卫生服务。要深入流动人口集中区域,采取宣讲、壁报、发放材料、新媒体等多种形式开展宣传,使其了解国家基本公共卫生服务项目的服务对象、内容、流程等。针对流动人口的特点,应当重点加强健康教育、传染病防控、预防接种、孕产妇保健等公共卫生服务。

(十四)延伸社区卫生服务功能

根据社区人群基本医疗卫生需求,不断完善社区卫生服务内容,丰富服务形式,拓展服务项目。鼓励社区卫生服务机构与养老服务机构开展多种形式的合作,加强与相关部门配合,协同推进医养结合服务模式。鼓励社区卫生服务机构面向服务区域内的机关单位、学校、写字楼等功能社区人群,开展有针对性的基本医疗卫生服务。引导社区居民参与社区卫生服务，通过开展慢性病患者俱乐部或互助小组、培训家庭保健员等形式，不断提高居民自我健康管理意识。

四、加强社区卫生服务保障与监督管理

（十五）加强医疗质量安全保障

严格执行医疗质量管理的有关法律法规、规章制度及诊疗规范，加强医疗质量控制。加强一次性医疗用品、消毒剂、消毒器械等索证和验证工作。对口腔科、消毒供应室、治疗室、换药室和清创室等重点部门医疗器械和环境要严格执行清理、消毒和灭菌。加强院内感染控制，严格执行消毒灭菌操作规范，按要求处理医疗废物，实行登记管理制度，保证医疗安全。严格遵守抗菌药物、激素的使用原则及联合应用抗菌药物指征。合理选用给药途径，严控抗菌药物、激素、静脉用药的使用比例，保证用药与诊断相符。完善医疗风险分担机制，鼓励社区卫生服务机构参加医疗责任保险。

（十六）加强信息技术支撑

推进使用居民就医"一卡通"，用活用好电子健康档案。以省（区、市）为单位，统筹社区卫生服务机构信息管理系统建设，进一步整合妇幼保健、计划生育、预防接种、传染病报告、严重精神障碍等各相关业务系统，避免数据重复录入。推动社区卫生信息平台与社区公共服务综合信息平台有效对接，促进社区卫生服务与其他社区公共服务、便民利民服务、志愿互助服务有机融合和系统集成。不断完善社区卫生服务信息管理系统功能，逐步实现预约、挂号、诊疗、转诊、公共卫生服务以及收费、医保结算、检验和药品管理等应用功能，加强机构内部信息整合共享，逐步通过信息系统实现服务数量和质量动态监管。加强区域卫生信息平台建设，推动各社区卫生服务机构与区域内其他医疗卫生机构之间信息互联互通、资源共享。充分利用移动互联网、智能客户端、即时通讯等现代信息技术，加强医患互动，改善居民感受，提高服务效能。

（十七）加强政策支持和绩效考核

各级卫生计生行政部门、中医药管理部门要推动落实社区卫生服务机构建设、财政补助、人事分配等相关保障政策，充分调动社区医务人员的积极性。进一步加强对社区卫生服务机构的监督管理，建立健全各项管理制度，加强社区卫生服务机构文化和医德医风建设。各地要不断完善绩效考核制度，将提升服务质量有关内容纳入社区卫生服务机构考核重点内容，推动社区卫生服务机构持续改善服务，提高居民信任度和利用率。

国家卫生计生委
国家中医药管理局
2015 年 11 月 17 日

城市社区卫生服务机构管理办法（试行）

关于印发《城市社区卫生服务机构管理办法（试行）》的通知

卫妇社发〔2006〕239号

各省、自治区、直辖市及计划单列市卫生厅（局）、中医药管理局，新疆生产建设兵团卫生局，卫生部各直属单位：

为贯彻落实《国务院关于发展城市社区卫生服务的指导意见》（国发〔2006〕10号），加强对城市社区卫生服务机构的管理，根据有关法律、法规，卫生部和国家中医药管理局制订了《城市社区卫生服务机构管理办法（试行）》，现印发给你们，请遵照执行。

中华人民共和国卫生部
国家中医药管理局
二〇〇六年六月二十九日

第一章 总 则

第一条 为贯彻落实《国务院关于发展城市社区卫生服务的指导意见》（国发〔2006〕10号），加强对城市社区卫生服务机构设置与运行的管理，保障居民公平享有安全、有效、便捷、经济的社区卫生服务，根据《中华人民共和国执业医师法》、《中华人民共和国传染病防治法》、《中华人民共和国母婴保健法》、《医疗机构管理条例》等相关法律法规制定本办法。

第二条 本办法所称社区卫生服务机构是指在城市范围内设置的、经区（市、县）级政府卫生行政部门登记注册并取得《医疗机构执业许可证》的社区卫生服务中心和社区卫生服务站。

第三条 社区卫生服务机构以社区、家庭和居民为服务对象，以妇女、儿童、老年人、慢性病人、残疾人、贫困居民等为服务重点，开展健康教育、预防、保健、康复、计划生育技术服务和一般常见病、多发病的诊疗服务，具有社会公益性质，属于非营利性医疗机构。

第四条 卫生部负责全国社区卫生服务机构的监督管理。区（市、县）级以上地方政府卫生行政部门负责本行政区域内社区卫生服务机构的监督管理。

第二章 服务功能与执业范围

第五条 社区卫生服务机构服务对象为辖区内的常住居民、暂住居民及其他有关人员。

第六条 社区卫生服务机构提供以下公共卫生服务：

（一）卫生信息管理。根据国家规定收集、报告辖区有关卫生信息，开展社区卫生诊断，建立和管理居民健康档案，向辖区街道办事处及有关单位和部门提出改进社区公共卫生状况的建议。

（二）健康教育。普及卫生保健常识，实施重点人群及重点场所健康教育，帮助居民逐步形成利于维护和增进健康的行为方式。

（三）传染病、地方病、寄生虫病预防控制。负责疫情报告和监测，协助开展结核病、性病、艾滋病、其他常见传染病以及地方病、寄生虫病的预防控制，实施预防接种，配合开展爱国卫生工作。

（四）慢性病预防控制。开展高危人群和重点慢性病筛查，实施高危人群和重点慢性病病例管理。

（五）精神卫生服务。实施精神病社区管理，为社区居民提供心理健康指导。

（六）妇女保健。提供婚前保健、孕前保健、孕产期保健、更年期保健，开展妇女常见病预防和筛查。

（七）儿童保健。开展新生儿保健、婴幼儿及学龄前儿童保健，协助对辖区内托幼机构进行卫生保健指导。

（八）老年保健。指导老年人进行疾病预防和自我保健，进行家庭访视，提供针对性的健康指导。

（九）残疾康复指导和康复训练。

（十）计划生育技术咨询指导，发放避孕药具。

（十一）协助处置辖区内的突发公共卫生事件。

（十二）政府卫生行政部门规定的其他公共卫生服务。

第七条 社区卫生服务机构提供以下基本医疗服务：

（一）一般常见病、多发病诊疗、护理和诊断明确的慢性病治疗。

（二）社区现场应急救护。

（三）家庭出诊、家庭护理、家庭病床等家庭医疗服务。

（四）转诊服务。

（五）康复医疗服务。

（六）政府卫生行政部门批准的其他适宜医疗服务。

第八条 社区卫生服务机构应根据中医药的特色和优势，提供与上述公共卫生和基本医疗服务内容相关的中医药服务。

第三章 机构设置与执业登记

第九条 社区卫生服务中心原则上按街道办事处范围设置，以政府举办为主。在人口较多、服务半径较大、社区卫生服务中心难以覆盖的社区，可适当设置社区卫生服务站或增设社区卫生服务中心。人口规模大于10万人的街道办事处，应增设社区卫生服务中心。人口规模小于3万人的街道办事处，其社区卫生服务机构的设置由区（市、县）政府卫生行政部门确定。

第十条 设区的市政府卫生行政部门负责制订本行政区域社区卫生服务机构设置规划，并纳入当地区域卫生规划、医疗机构设置规划。社区卫生服务机构设置规划须经同级政府批准，报当地省级政府卫生行政部门备案。

第十一条 规划设置社区卫生服务机构，应立足于调整卫生资源配置，加强社区卫生服务机构建设，完善社区卫生服务机构布局。政府举办的一级医院和街道卫生院应转型为社区卫生服务机构；政府举办的部分二级医院和有条件的国有企事业单位所属基层医疗机构通过结构和功能改造，可转型为社区卫生服务机构。

第十二条 新设置社区卫生服务机构可由政府设立，也可按照平等、竞争、择优的原则，通过公开招标等方式确定社区卫生服务机构举办者，鼓励社会力量参与。

第十三条 设置审批社区卫生服务机构，应征询所在街道办事处及社区居民委员会的意见。

第十四条 设置社区卫生服务机构，须按照社区卫生服务机构设置规划，由区（市、县）级政府卫生行政部门根据《医疗机构管理条例》、《医疗机构管理条例实施细则》、《社区卫生服务中心基本标准》、《社区卫生服务站基本标准》进行设置审批和执业登记，同时报上一级政府卫生行政部门备案。《社区卫生服务中心基本标准》、《社区卫生服务站基本标准》由卫生部另行制定。

第十五条 社区卫生服务中心登记的诊疗科目应为预防保健科、全科医疗科、中医科（含民族医学）、康复医学科、医学检验科、医学影像科，有条件的可登记口腔医学科、临终关怀科，原则上不登记其他诊疗科目，确需登记的，须经区（市、县）级政府卫生行政部门审核批准，同时报上一级政府卫生行政部门备案。社区卫生服务站登记的诊疗科目应为预防保健科、全科医疗科，有条件的可登记中医科（含民族医学），不登记其他诊疗科目。

第十六条 社区卫生服务中心原则上不设住院病床，现有住院病床应转为以护理康复为主要功能的病床，或予以撤消。社区卫生服务站不设住院病床。

第十七条 社区卫生服务中心为独立法人机构，实行独立核算，社区卫生服务中心对其下设的社区卫生服务站实行一体化管理。其他社区卫生服务站接受社区卫生服务中心的业务管理。

第十八条 社区卫生服务中心、社区卫生服务站是专有名称，未经政府卫生行政部门批准，任何机构不得以社区卫生服务中心、社区卫生服务站命名。社区卫生服务机构须以社区卫生服务中心或社区卫生服务站进行执业登记，原则上不得使用两个或两个以上名称。

社区卫生服务中心的命名原则是：所在区名（可选）+所在街道办事处名+识别名（可选）+社区卫生服务中心；社区卫生服务站的命名原则是：所在街道办事处名（可选）+所在社区名+社区卫生服务站。

第十九条 社区卫生服务机构使用统一的专用标识，专用标识由卫生部制定。

第四章　人员配备与管理

第二十条 社区卫生服务机构应根据服务功能、服务人口、居民的服务需要，按照精干、效能的原则设置卫生专业技术岗位，配备适宜学历与职称层次的从事全科医学、公共卫生、中医（含中西医结合、民族医）等专业的执业医师和护士，药剂、检验等其他有关卫生技术人员根据需要合理配置。

第二十一条 社区卫生服务机构的专业技术人员须具有法定执业资格。

第二十二条 临床类别、中医类别执业医师注册相应类别的全科医学专业为执业范围，可从事社区预防保健以及一般常见病、多发病的临床诊疗，不得从事专科手术、助产、介入治疗等风险较高、不适宜在社区卫生服务机构开展的专科诊疗，不得跨类别从事口腔科诊疗。

第二十三条 临床类别、中医类别执业医师在社区卫生服务机构从事全科医学工作，申请注册全科医学专业为执业范围，须符合以下条件之一：

（一）取得相应类别的全科医学专业中、高级技术职务任职资格。

（二）经省级卫生、中医药行政部门认可的相应类别全科医师岗位培训并考核合格。

（三）参加省级卫生、中医药行政部门认可的相应类别全科医师规范化培训。

取得初级资格的临床类别、中医类别执业医师须在有关上级医师指导下从事全科医学工作。

第二十四条　根据社区卫生服务的需要，二级以上医疗机构有关专业的医护人员（含符合条件的退休医护人员），依据政府卫生行政部门有关规定，经社区卫生服务机构注册的区（市、县）级政府卫生行政部门备案，可到社区卫生服务机构从事相应专业的临床诊疗服务。

第二十五条　社区卫生技术人员需依照国家规定接受毕业后教育、岗位培训和继续教育等职业培训。社区卫生服务机构要建立健全培训制度，在区（市、县）及设区的市政府卫生行政部门支持和组织下，安排卫生技术人员定期到大中型医院、预防保健机构进修学习和培训，参加学术活动。各地政府卫生行政部门和社区卫生服务机构要积极创造条件，使高等医学院校到社区卫生服务机构从事全科医学工作的有关医学专业毕业生，逐步经过规范化培训。

第二十六条　政府举办的社区卫生服务机构要实行定编定岗、公开招聘，签订聘用合同，建立岗位管理、绩效考核、解聘辞聘等项制度。非政府举办的社区卫生服务机构，实行自主用人制度。

第二十七条　社区卫生服务工作人员要树立良好的职业道德，恪尽职守，遵纪守法，不断提高业务技术水平，维护居民健康。

第五章　执业规则与业务管理

第二十八条　社区卫生服务机构执业，须严格遵守国家有关法律、法规、规章和技术规范，加强对医务人员的教育，实施全面质量管理，预防服务差错和事故，确保服务安全。

第二十九条　社区卫生服务机构须建立健全以下规章制度。

（一）人员职业道德规范与行为准则。

（二）人员岗位责任制度。

（三）人员聘用、培训、管理、考核与奖惩制度。

（四）技术服务规范与工作制度。

（五）服务差错及事故防范制度。

（六）服务质量管理制度。

（七）财务、药品、固定资产、档案、信息管理制度。

(八) 医疗废物管理制度。

(九) 社区协作与民主监督制度。

(十) 其他有关制度。

第三十条 社区卫生服务机构须根据政府卫生行政部门规定,履行提供社区公共卫生服务和基本医疗服务的职能。

第三十一条 社区卫生服务机构应妥善保管居民健康档案,保护居民个人隐私。社区卫生服务机构在关闭、停业、变更机构类别等情况下,须将居民健康档案交由当地区(市、县)级政府卫生行政部门妥善处理。

第三十二条 社区卫生服务机构应严格掌握家庭诊疗、护理和家庭病床服务的适应症,切实规范家庭医疗服务行为。

第三十三条 区(市、县)及设区的市政府卫生行政部门要建立信息平台,为社区卫生服务机构提供本地有关大中型医疗机构专科设置、联系方式等转诊信息,支持社区卫生服务机构与大中型医疗机构建立转诊协作关系。社区卫生服务机构对限于设备或者技术条件难以安全、有效诊治的患者应及时转诊到相应医疗机构诊治。对医院转诊病人,社区卫生服务机构应根据医院建议与病人要求,提供必要的随访、病例管理、康复等服务。

第三十四条 社区卫生服务机构提供中医药(含民族医药)服务,应配备相应的设备、设施、药品,遵守相应的中医诊疗原则、医疗技术标准和技术操作规范。

第三十五条 社区卫生服务机构应在显著位置公示医疗服务、药品和主要医用耗材的价格,严格执行相关价格政策,规范价格行为。

第三十六条 社区卫生服务机构应配备与其服务功能和执业范围相适应的基本药品。社区卫生服务机构使用药品,须严格执行药品管理法律、法规的规定,从具有合法经营资质的单位购入。严禁使用过期、失效及违禁的药品。

第六章 行业监管

第三十七条 区(市、县)级政府卫生行政部门负责对社区卫生服务机构实施日常监督与管理，建立健全监督考核制度，实行信息公示和奖惩制度。

第三十八条 疾病预防控制中心、妇幼保健院（所、站）、专科防治院（所）等预防保健机构在职能范围内，对社区卫生服务机构所承担的公共卫生服务工作进行业务评价与指导。

第三十九条 政府卫生行政部门应建立社会民主监督制度，定期收集社区居民的意见和建议，将接受服务居民的满意度作为考核社区卫生服务机构和从业人员业绩的重要标准。

第四十条 政府卫生行政部门建立社区卫生服务机构评审制度，发挥行业组织作用，加强社区卫生服务机构的服务质量建设。

第七章 附 则

第四十一条 各省、自治区、直辖市政府卫生和中医药行政部门应当根据本办法，制定具体实施细则。

第四十二条 本办法由卫生部、国家中医药管理局负责解释。

第四十三条 本办法自 2006 年 8 月 1 日起施行。

中华人民共和国城市供水条例

中华人民共和国国务院令

第 158 号

现发布《城市供水条例》，自 1994 年 10 月 1 日起施行。

总理　李鹏

一九九四年七月十九日

第一章　总　则

第一条　为了加强城市供水管理，发展城市供水事业，保障城市生活、生产用水和其他各项建设用水，制定本条例。

第二条　本条例所称城市供水，是指城市公共供水和自建设施供水。

本条例所称城市公共供水，是指城市自来水供水企业以公共供水管道及其附属设施向单位和居民的生活、生产和其他各项建设提供用水。

本条例所称自建设施供水，是指城市的用水单位以其自选建设的供水管道及其附属设施主要向本单位的生活、生产和其他各项建设提供用水。

第三条 从事城市供水工作和使用城市供水，必须遵守本条例。

第四条 城市供水工作实行开发水源和计划用水、节约用水相结合的原则。

第五条 县级以上人民政府应当将发展城市供水事业纳入国民经济和社会发展计划。

第六条 国家实行有利于城市供水事业发展的政策，鼓励城市供水科学技术研究，推广先进技术，提高城市供水的现代化水平。

第七条 国务院城市建设行政主管部门主管全国城市供水工作。

省、自治区人民政府城市建设行政主管部门主管本行政区域内的城市供水工作。

县级以上城市人民政府确定的城市供水行政主管部门（以下简称城市供水行政主管部门）主管本行政区域内的城市供水工作。

第八条 对在城市供水工作中作出显著成绩的单位和个人，给予奖励。

第二章　城市供水水源

第九条 县级以上城市人民政府应当组织城市规划行政主管部门、水行政主管部门、城市供水行政主管部门和地质矿产行政主管部门等共同编制城市供水水源开发利用规划，作为城市供水发展规划的组成部分，纳入城市总体规划。

第十条 编制城市供水水源开发利用规划，应当从城市发展的需要出发，并与水资源统筹规划和水长期供求计划相协调。

第十一条 编制城市供水水源开发利用规划，应当根据当地情况，合理安排利用地表水和地下水。

第十二条 编制城市供水水源开发利用规划，应当优先保证城市生活用水，统筹兼顾工业用水和其他各项建设用水。

第十三条 县级以上地方人民政府环境保护部门应当会同城市供水行政主管部门、水行政主管部门和卫生行政主管部门等共同划定饮用水水源保护区，经本级人民政府批准后公布；划定跨省、市、县的饮用水水源保护区，应当由有关人民政府共同商定并经其共同的上级人民政府批准后公布。

第十四条　在饮用水水源保护区内，禁止一切污染水质的活动。

第三章　城市供水工程建设

第十五条　城市供水工程的建设，应当按照城市供水发展规划及其年度建设计划进行。

第十六条　城市供水工程的设计、施工，应当委托持有相应资质证书的设计、施工单位承担，并遵守国家有关技术标准和规范。禁止无证或者超越资质证书规定的经营范围承担城市供水工程的设计、施工任务。

第十七条　城市供水工程竣工后，应当按照国家规定组织验收；未经验收或者验收不合格的，不得投入使用。

第十八条　城市新建、扩建、改建工程项目需要增加用水的，其工程项目总概算应当包括供水工程建设投资；需要增加城市公共供水量的，应当将其供水工程建设投资交付城市供水行政主管部门，由其统一组织城市公共供水工程建设。

第四章　城市供水经营

第十九条　城市自来水供水企业和自建设施对外供水的企业，必须经资质审查合格并经工商行政管理机关登记注册后，方可从事经营活动。资质审查办法由国务院城市建设行政主管部门规定。

第二十条　城市自来水供水企业和自建设施对外供水的企业，应当建立、健全水质检测制度，确保城市供水的水质符合国家规定的饮用水卫生标准。

第二十一条　城市自来水供水企业和自建设施对外供水的企业，

应当按照国家有关规定设置管网测压点,做好水压监测工作,确保供水管网的压力符合国家规定的标准。

禁止在城市公共供水管道上直接装泵抽水。

第二十二条 城市自来水供水企业和自建设施对外供水的企业应当保持不间断供水。由于工程施工、设备维修等原因确需停止供水的,应当经城市供水行政主管部门批准并提前24小时通知用水单位和个人;因发生灾害或者紧急事故,不能提前通知的,应当在抢修的同时通知用水单位和个人,尽快恢复正常供水,并报告城市供水行政主管部门。

第二十三条 城市自来水供水企业和自建设施对外供水的企业应当实行职工持证上岗制度。具体办法由国务院城市建设行政主管部门会同人事部门等制定。

第二十四条 用水单位和个人应当按照规定的计量标准和水价标准按时缴纳水费。

第二十五条 禁止盗用或者转供城市公共供水。

第二十六条 城市供水价格应当按照生活用水保本微利、生产和经营用水合理计价的原则制定。

城市供水价格制定办法,由省、自治区、直辖市人民政府规定。

第五章 城市供水设施维护

第二十七条 城市自来水供水企业和自建设施供水的企业对其管理的城市供水的专用水库、引水渠道、取水口、泵站、井群、输(配)水管网、进户总水表、净(配)水厂、公用水站等设施,应当定期检查维修,确保安全运行。

第二十八条 用水单位自行建设的与城市公共供水管道连接的户外管道及其附属设施,必须经城市自来水供水企业验收合格并交其统一管理后,方可合作使用。

第二十九条 在规定的城市公共供水管理及其附属设施的地面和

地下的安全保护范围内，禁止挖坑取土或者修建建筑物、构筑物等危害供水设施安全的活动。

第三十条　因工程建设确需改装、拆除或者迁移城市公共供水设施的，建设单位应当报经县级以上人民政府城市规划行政主管部门和城市供水行政主管部门批准，并采取相应的补救措施。

第三十一条　涉及城市公共供水设施的建设工程开工前，建设单位或者施工单位应当向城市自来水供水企业查明地下供水管网情况。施工影响城市公共供水设施安全的，建设单位或者施工单位应当与城市自来水供水企业商定相应的保护措施，由施工单位负责实施。

第三十二条　禁止擅自将自建的设施供水管网系统与城市公共供水管网系统连接；因特殊情况确需连接的，必须经城市自来水供水企业同意，报城市供水行政主管部门和卫生行政主管部门批准，并在管道连接处采取必要的防护措施。

禁止产生或者使用有毒有害物质的单位将其生产用水管网系统与城市公共供水管网系统直接连接。

第六章　罚　　则

第三十三条　城市自来水供水企业或者自建设施对外供水的企业有下列行为之一的，由城市供水行政主管部门责令改正，可以处以罚款；情节严重的，报经县级以上人民政府批准，可以责令停业整顿；对负有直接责任的主管人员和其他直接责任人员，其所在单位或者上级机关可以给予行政处分：

（一）供水水质、水压不符合国家规定标准的；

（二）擅自停止供水或者未履行停水通知义务的；

（三）未按照规定检修供水设施或者在供水设施发生故障后未及时抢修的。

第三十四条　违反本条例规定，有下列行为之一的，由城市供水行政主管部门责令停止违法行为，可以处以罚款；对负有直接责任的主管人员和其他直接责任人员，其所在单位或者上级机关可以给予行政处分：

（一）无证或者超越资质证书规定的经营范围进行城市供水工程的设计或者施工的；

（二）未按国家规定的技术标准和规范进行城市供水工程的设施或者施工的；

（三）违反城市供水发展规划及其年度建设计划兴建城市供水工程的。

第三十五条 违反本条例规定，有下列行为之一的，由城市供水行政主管部门或者其授权的单位责令限期改正，可以处以罚款：

（一）未按规定缴纳水费的；

（二）盗用或者转供城市公共供水的；

（三）在规定的城市公共供水管道及其附属设施的安全保护范围内进行危害供水设施安全活动的；

（四）擅自将自建设施供水管网系统与城市公共供水管网系统直接连接的；

（五）产生或者使用有毒有害物质的单位将其生产用水管网系统与城市公共供水管网系统直接连接的；

（六）在城市公共供水管道上直接装泵抽水的；

（七）擅自拆除、改装或者迁移城市公共供水设施的。

有前款第（一）项、第（二）项、第（四）项、第（五）项、第（六）项、第（七）项所列行为之一，情节严重的，经县级以上人民政府批准，还可以在一定时间内停止供水。

第三十六条 建设工程施工危害城市公共供水设施的，由城市供水行政主管部门责令停止危害活动；造成损失的，由责任方依法赔偿损失；对负有直接责任的主管人员和其他直接责任人员，其所在单位或者上级机关可以给予行政处分。

第三十七条 城市供水行政主管部门的工作人员玩忽职守、滥用职权、徇私舞弊的，由其所在单位或者上级机关给予行政处分；构成犯罪的，依法追究刑事责任。

第七章 附 则

第三十八条 本条例第三十三条、第三十四条、第三十五条规定的罚款数额由省、自治区、直辖市人民政府规定。

第三十八条 本条例自 1994 年 10 月 1 日起施行。

附 录

城市供水价格管理办法

国家计委、建设部
关于印发《城市供水价格管理办法》的通知
计价格〔1998〕1810号

各省、自治区、直辖市及计划单列市、副省级省会城市物价局（委员会）、建委（建设厅），北京市市政管理委员会，深圳市水务局：

　　为进一步规范城市供水价格，国家计委和建设部制定了《城市供水价格管理办法》，现印发给你们，请按照执行，并将执行中遇到的主要问题和取得的经验及时反馈给我们。1998年作为改革城市供水价格管理办法的过渡期，城市供水价格的调整仍按《国家发展计划委员会关于进一步调整价格监审品种目录的通知》（计价管〔1998〕725号）执行。

国家发展计划委员会
中华人民共和国建设部
1998年9月23日

第一章　总　则

第一条　为规范城市供水价格，保障供水、用水双方的合法权益，促进城市供水事业发展，节约和保护水资源，根据《中华人民共和国价格法》和《城市供水条例》，制定本办法。

第二条 本办法适用于中华人民共和国境内城市供水价格行为。

第三条 城市供水价格是指城市供水企业通过一定的工程设施，将地表水、地下水进行必要的净化、消毒处理，使水质符合国家规定的标准后供给用户使用的商品水价格。

污水处理费计入城市供水价格，按城市供水范围，根据用户使用量计量征收。

第四条 县级以上人民政府价格主管部门是城市供水价格的主管部门。县级以上城市供水行政主管部门按职责分工，协助政府价格主管部门做好城市供水价格管理工作。

第五条 城市供水价格按照统一领导、分级管理的原则，实行政府定价，具体定价权限按价格分工管理目录执行。

制定城市供水价格，实行听证会制度和公告制度。

第二章 水价分类与构成

第六条 城市供水实行分类水价。根据使用性质可分为居民生活用水、工业用水、行政事业用水、经营服务用水、特种用水等五类。各类水价之间的比价关系由所在城市人民政府价格主管部门会同同级城市供水行政主管部门结合本地实际情况确定。

第七条 城市供水价格由供水成本、费用、税金和利润构成。成本和费用按国家财政主管部门颁发的《企业财务通则》和《企业会计准则》等有关规定核定。

（一）城市供水成本是指供水生产过程中发生的原水费、电费、原材料费、资产折旧费、修理费、直接工资、水质检测、监测费以及其他应计入供水成本的直接费用。

（二）费用是指组织和管理供水生产经营所发生的销售费用、管理费用和财务费用。

（三）税金是指供水企业应交纳的税金。

（四）城市供水价格中的利润，按净资产利润率核定。

第八条 输水、配水等环节中的水损可合理计入成本。

第九条 污水处理成本按管理体制单独核算。

第三章 水价的制定

第十条 制定城市供水价格应遵循补偿成本、合理收益、节约用水、公平负担的原则。

第十一条 供水企业合理盈利的平均水平应当是净资产利润率 8-10%。具体的利润水平由所在城市人民政府价格主管部门征求同级城市供水行政主管部门意见后，根据其不同的资金来源确定。

（一）主要靠政府投资的，企业净资产利润率不得高于 6%。

（二）主要靠企业投资的，包括利用贷款、引进外资、发行债券或股票等方式筹资建设供水设施的供水价格，还贷期间净资产利润率不得高于 12%。

还贷期结束后，供水价格应按本条规定的平均净资产利润率核定。

第十二条 城市供水应逐步实行容量水价和计量水价相结合的两部制水价或阶梯式计量水价。

容量水价用于补偿供水的固定资产成本。计量水价用于补偿供水的运营成本。

两部制水价计算公式如下：

1. 两部制水价＝容量水价＋计量水价；

2. 容量水价＝容量基价×每户容量基数；

3. 容量基价＝（年固定资产折旧额+年固定资产投资利息）/年制水能力；

4. 居民生活用水容量水价基数＝每户平均人口×每人每月计划平均消费量；

5. 非居民生活用水容量水价基数为：前一年或前三年的平均用水量，新用水单位按审定后的用水量计算；

6. 计量水价＝计量基价×实际用水量；

7. 计量基价＝〔（成本+费用+税金+利润）－（年固定资产折旧额

+年固定资产投资利息）〕/年实际售水量；

第十三条 城市居民生活用水可根据条件先实行阶梯式计量水价。阶梯式计量水价可分为三级，级差为1∶1.5∶2。

阶梯式计量水价计算公式如下：

1. 阶梯式计量水价＝第一级水价×第一级水量基数＋第二级水价×第二级水量基数＋第三级水价×第三级水量基数；

2. 居民生活用水计量水价第一级水量基数＝每户平均人口×每人每月计划平均消费量；

具体比价关系由所在城市人民政府价格主管部门会同同级供水行政主管部门结合本地实际情况确定。

第十四条 居民生活用水阶梯水价的第一级水量基数，根据确保居民基本生活用水的原则制定；第二级水量基数，根据改善和提高居民生活质量的原则制定；第三级水量基数，根据按市场价格满足特殊需要的原则制定。具体各级水量基数由所在城市人民政府价格主管部门结合本地实际情况确定。

第十五条 以旅游业为主或季节性消费特点明显的地区可实行季节性水价。

第十六条 城市非居民生活用水实行两部制水价时，应与国务院及其所属职能部门发布的实行计划用水超计划加价的有关规定相衔接。

第十七条 污水处理费的标准根据城市排水管网和污水处理厂的运行维护和建设费用核定。

第十八条 供水企业在未接管居民小区物业管理等单位的供水职责之前，应对居民小区物业管理等临时供水单位实行趸售价格。趸售价格在不改变居民生活用水价格的前提下由供水企业与临时供水单位协商议定，报所在城市人民政府价格主管部门备案。双方对临时供水价格有争议的，由所在城市人民政府价格主管部门协调。

第四章 水价申报与审批

第十九条 符合以下条件的供水企业可以提出调价申请：

（一）按国家法律、法规合法经营，价格不足以补偿简单再生产的。
（二）政府给予补贴后仍有亏损的。
（三）合理补偿扩大再生产投资的。

第二十条 城市供水企业需要调整供水价格时，应向所在城市人民政府价格主管部门提出书面申请，调价申报文件应抄送同级城市供水行政主管部门。城市供水行政主管部门应及时将意见函告同级人民政府价格主管部门，以供同级价格主管部门统筹考虑。

第二十一条 城市供水价格的调整，由供水企业所在的城市人民政府价格主管部门审核，报所在城市人民政府批准后执行，并报上一级人民政府价格和供水行政主管部门备案。必要时，上一级人民政府价格主管部门可对城市供水价格实行监审。监审的具体办法由国务院价格主管部门规定。

第二十二条 城市价格主管部门接到调整城市供水价格的申报后，应召开听证会，邀请人大、政协和政府各有关部门及各界用户代表参加。听证会的具体办法由国务院价格主管部门另行下达。

第二十三条 城市供水价格调整方案实施前，由所在城市人民政府向社会公告。

第二十四条 调整城市供水价格应按以下原则审批：
（一）有利于供水事业的发展，满足经济发展和人民生活需要。
（二）有利于节约用水。
（三）充分考虑社会承受能力。理顺城市供水价格应分步实施。第一次制定两部制水价时，容量水价不得超过居民每月负担平均水价的三分之一。
（四）有利于规范供水价格，健全供水企业成本约束机制。

第二十五条 对城市供水中涉及用户特别是带有垄断性质的供水设施建设、维护、服务等主要项目（如用户管网配套、增容、维修、计量器具安装），劳务及重要原材料、设施等价格标准，应由所在城市人民政府价格主管部门会同同级城市供水行政主管部门核定。

第五章 水价执行与监督

第二十六条 城市中有水厂独立经营或管网独立经营的，允许不同供水企业执行不同上网水价，但对同类用户，必须执行同一价格。

第二十七条　城市供水应实行装表到户、抄表到户、计量收费。

第二十八条　城市供水行政主管部门应当对各类量水、测水设施实行统一管理，加强供水计量监测，完善供水计量监测设施。

第二十九条　混和用水应分表计量，未分表计量的从高适用水价。

第三十条　用户应当按照规定的计量标准和水价标准按月交纳水费。没有正当理由或特殊原因连续两个月不交水费的，供水企业可按照《城市供水条例》规定暂停供水。

第三十一条　供水企业的供水水质、水压必须符合《生活饮用水卫生标准》和《城市供水企业资质管理规定》的要求。因水质达不到饮用水标准，给用户造成不良影响和经济损失的，用户有权到政府价格主管部门、供水行政主管部门、消协或司法部门投诉，供水企业应当按照《城市供水条例》规定，承担相应的法律责任。

第三十二条　用户应根据所在城市人民政府的规定，在交纳水费的同时，交纳污水处理费。

第三十三条　各级城市供水行政主管部门要逐步建立、健全城市供水水质监管体系，加强水质管理，保证安全可靠供水。

县级以上人民政府价格主管部门应当加强对本行政区域内城市供水价格执行情况的监督检查，对违反价格法律、法规、规章及政策的单位和个人应依法查处。

第六章　附　则

第三十四条　本办法所称"城市"，按《中华人民共和国城市规划法》规定，是指国家按行政建制设立的直辖市、市、镇。

第三十五条　本办法由国务院价格主管部门负责解释。

第三十六条　各省、自治区、直辖市人民政府价格主管部门应会同同级城市供水行政主管部门根据本办法制定城市供水价格管理实施细则。

第三十七条　本办法自发布之日起实施。

城市节约用水管理规定

中华人民共和国建设部令
第 1 号

《城市节约用水管理规定》已于 1988 年 11 月 30 日经国务院批准,现予发布,自 1989 年 1 月 1 日起施行。

建设部部长
1988 年 12 月 20 日

第一条 为加强城市节约用水管理,保护和合理利用水资源,促进国民经济和社会发展,制定本规定。

第二条 本规定适用于城市规划区内节约用水的管理工作。

在城市规划区内使用公共供水和自建设施供水的单位和个人,必须遵守本规定。

第三条 城市实行计划用水和节约用水。

第四条 国家鼓励城市节约用水科学技术研究,推广先进技术,提高城市节约用水科学技术水平。

在城市节约用水工作中作出显著成绩的单位和个人,由人民政府给予奖励。

第五条 国务院城市建设行政主管部门主管全国的城市节约用水工作,业务上受国务院水行政主管部门指导。

国务院其他有关部门按照国务院规定的职责分工,负责本行业的节约用水管理工作。

省、自治区人民政府和县级以上城市人民政府城市建设行政主管部门和其他有关行业主管部门,按照同级人民政府规定的职责分工,负责城市节约用水管理工作。

第六条 城市人民政府应当在制定城市供水发展规划的同时，制定节约用水发展规划，并根据节约用水发展规划制定节约用水年度计划。

各有关行业行政主管部门应当制定本行业的节约用水发展规划和节约用水年度计划。

第七条 工业用水重复利用率低于40%（不包括热电厂用水）的城市，新建供水工程时，未经上一级城市建设行政主管部门的同意，不得新增工业用水量。

第八条 单位自建供水设施取用地下水，必须经城市建设行政主管部门核准后，依照国家规定申请取水许可。

第九条 城市的新建、扩建和改建工程项目，应当配套建设节约用水设施。城市建设行政主管部门应当参加节约用水设施的竣工验收。

第十条 城市建设行政主管部门应当会同有关行业行政主管部门制定行业综合用水定额和单项用水定额。

第十一条 城市用水计划由城市建设行政主管部门根据水资源统筹规划和水长期供求计划制定，并下达执行。

超计划用水必须缴纳超计划用水加价水费。超计划用水加价水费，应当从税后留利或者预算包干经费中支出，不得纳入成本或者从当年预算中支出。

超计划用水加价水费的具体征收办法由省、自治区、直辖市人民政府制定。

第十二条 生活用水按户计量收费。新建住宅应当安装分户计量水表；现有住户未装分户计量水表的，应当限期安装。

第十三条 各用水单位应当在用水设备上安装计量水表，进行用水单耗考核，降低单位产品用水量；应当采取循环用水、一水多用等措施，在保证用水质量标准的前提下，提高水的重复利用率。

第十四条 水资源紧缺城市，应当在保证用水质量标准的前提下，采取措施提高城市污水利用率。

沿海城市应当积极开发利用海水资源。

有咸水资源的城市,应当合理开发利用咸水资源。

第十五条 城市供水企业、自建供水设施的单位应当加强供水设施的维修管理,减少水的漏损量。

第十六条 各级统计部门、城市建设行政主管部门应当做好城市节约用水统计工作。

第十七条 城市的新建、扩建和改建工程项目未按规定配套建设节约用水设施或者节约用水设施经验收不合格的,由城市建设行政主管部门限制其用水量,并责令其限期完善节约用水设施,可以并处罚款。

第十八条 超计划用水加价水费必须按规定的期限缴纳。逾期不缴纳的,城市建设行政主管部门除限期缴纳外,并按日加收超计划用水加价水费5‰的滞纳金。

第十九条 拒不安装生活用水分户计量水表的,城市建设行政主管部门应当责令其限期安装;逾期仍不安装的,由城市建设行政主管部门限制其用水量,可以并处罚款。

第二十条 当事人对行政处罚决定不服的,可以在接到处罚通知次日起15日内,向作出处罚决定机关的上一级机关申请复议;对复议决定不服的,可以在接到复议通知次日起15日内向人民法院起诉。逾期不申请复议或者不向人民法院起诉又不履行处罚决定的,由作出处罚决定的机关申请人民法院强制执行。

第二十一条 城市建设行政主管部门的工作人员玩忽职守、滥用职权、徇私舞弊的,由其所在单位或者上级主管部门给予行政处分;构成犯罪的,由司法机关依法追究刑事责任。

第二十二条 各省、自治区、直辖市人民政府可以根据本规定制定实施办法。

第二十三条 本规定由国务院城市建设行政主管部门负责解释。

第二十四条 本规定自1989年1月1日起施行。

城市用水定额管理办法

建设部　国家计委
关于颁布《城市用水定额管理办法》的通知
建城字第 278 号

为加强城市计划用水、节约用水管理，提高城市节约用水工作的科学管理水平，使城市用水定额制定工作规范化、制度化，现颁布《城市用水定额管理办法》，请贯彻执行。

中华人民共和国建设部
国家计划委员会
1991 年 4 月 25 日

第一条　为加强城市用水定额管理，实行计划用水，厉行节约用水，合理使用水资源，根据《城市节约用水管理规定》，制定本办法。

第二条　用水定额是规定单位的用水量。本办法所称城市用水定额，是指城市工业、建筑业、商业、服务业、机关、部队和所有用水单位各类用水定额和城市居民生活用水定额。

第三条　凡在城市规划区范围内制定、修改和实施用水定额都必须遵守本办法。

第四条　建设部和国家计划委员会组织推动全国城市用水定额的编制。省、自治区、直辖市和城市人民政府城市建设行政主管部门会同同级计、经委，根据当地实际情况，组织制定、修改和实施本辖区城市用水定额。

省、自治区、直辖市和城市人民政府其他行业行政主管部门协同城市建设行政主管部门做好本行业用水定额的制订、修改和管理工作。

第五条　制定城市用水定额，必须符合国家有关标准规范和技术通则,用水定额要具有先进性和合理性。

第六条 城市用水定额是城市建设行政主管部门编制下达用水计划和衡量用水单位、居民用水和节约用水水平的主要依据,各地要逐步实现以定额为主要依据的计划用水管理,并以此实施节约奖励和浪费处罚。

第七条 遇有严重干旱年、季或非正常情况下供水不足时,经当地人民政府批准,城市建设行政主管部门有权调整用水量。

第八条 城市建设行政主管部门负责城市用水定额的日常管理,检查城市用水定额实施情况。

第九条 各级城市建设行政主管部门和计划、经济行政主管部门根据经济和科学技术发展,结合用水条件和用水需求的变化,组织修订城市用水定额,修订过程按原程序进行。

第十条 省、自治区、直辖市和各城市可根据本办法,结合当地情况,制定具体实施细则。

第十一条 本办法由建设部负责解释。

第十二条 本办法从颁布之日起施行。

国务院办公厅关于推进水价改革促进节约用水保护水资源的通知

国办发〔2004〕36号

各省、自治区、直辖市人民政府，国务院各部委、各直属机构：

我国是水资源短缺的国家，人均占有量仅为世界平均水平的1/4，水资源分布不均衡，水体污染也很严重。目前，许多城市缺水情况日益严重，水资源短缺已成为制约我国经济和社会可持续发展的突出问题。为充分发挥市场机制和价格杠杆在水资源配置、水需求调节和水污染防治等方面的作用，推进水价改革，促进节约用水，提高用水效率，努力建设节水型社会，促进水资源可持续利用，经国务院同意，现就有关问题通知如下：

一、充分认识水价改革的重要性和紧迫性

（一）近年来，我国水价改革取得了一定进展。水利工程水价有所提高，供水成本费用得到部分补偿。城市供水价格基本完成由福利型向商品型转变，并已基本达到保本水平。普遍实行了污水处理收费制度，城市污水处理率有较大提高。水资源费征收力度逐年加大，节水型水价机制正逐步形成。但是水价机制和管理还存在不少问题：一是部分地区终端水价偏低，不利于提高用户节水意识；二是水利工程水价仍低于供水成本，致使工程老化失修；三是污水处理收费不到位，污水处理设施难以维持正常运转；四是水资源费征收标准偏低，不能反映我国水资源紧缺状况；五是各类水价比价关系和计征方式不合理，不利于合理配置水资源。因此，应进一步深化水价改革，促进节约用水，保护和优化配置水资源。

二、水价改革的目标和原则

（二）水价改革的目标：建立充分体现我国水资源紧缺状况，以节水和合理配置水资源、提高用水效率、促进水资源可持续利用为核心的水价机制。水价改革的原则:一是调整水价与理顺水价结构相结合,按照不同用户的承受能力,建立多层次供水价格体系,充分发挥价格机制对用水需求的调节作用,提高用水效率;二是水价制定与供水设施建设相结合,积极建立和培育水资源开发利用市场,实现水资源合理配置;三是合理利用水资源与防治水污染相结合,努力实现污水再生利用,为经济社会发展提供良好的水环境;四是供水单位良性发展与节水设施建设相结合,合理补偿供水单位成本费用,促进节水工程建设和节水技术推广;五是水价形成机制改革与供水单位经营管理体制改革相结合,推进企业化管理和产业化经营,强化水价对供水单位的成本约束,努力发挥市场机制在水资源配置中的基础性作用。

三、合理调整供水价格,尽快理顺水价结构

(三)扩大水资源费征收范围并适当提高征收标准。凡未征收的地区要尽快开征水资源费,并根据水资源紧缺程度,逐步提高征收标准。要综合考虑本地区水资源状况、产业结构调整进展和企业承受能力,逐步使城市供水公共管网覆盖范围内取用地下水的自备水费高于自来水价格。地下水严重超采的地区,应加大水资源费调整力度,以限制地下水过度开采,促进再生水的利用。要将水资源费调整与供水价格调整结合起来,合理调节供水单位和政府间的收益。

(四)逐步提高水利工程水价。按照《水利工程供水价格管理办法》的规定,将非农业用水价格尽快调整到补偿成本、合理盈利的水平。在大力整顿水价秩序,完善水费计收机制,取消不合理加价和收费,并降低管理成本基础上,合理调整农业用水价格,逐步达到保本水平。

(五)合理调整城市供水价格。城市供水价格是终端水价。要综合考虑上游水价、水资源费情况,以及供水企业正常运行和合理盈利、改善水质、管网和计量系统改造等因素,在审核供水企业运营成本、强化成本约束基础上,合理调整城市供水价格。

(六)优先提高城市污水处理费征收标准。各地区要限期开征污水处理费。已开征污水处理费的城市,在调整供水价格时,要优先将污水处理收费标准调整到保本微利水平。暂时达不到保本微利水平的,各省、自治区、直辖市人民政府应结合本地区污水处理设施运行成本，制定城市污水处理费最低收费标准，确保污水处理设施正常运行。

（七）合理确定再生水价格。缺水地区要积极创造条件使用再生水，加强水质监测与信息发布，确保再生水使用安全。再生水费由生产供应单位向用户按用水量计收。再生水价格要以补偿成本和合理收益为原则，结合再生水水质、用途等情况，与自来水价格保持适当差价，按低于自来水价格的一定比例确定，引导工业、洗车、市政设施及城市绿化等行业使用再生水。对再生水生产用电实行优惠电价，不执行峰谷电价政策，免征水资源费和城市公用事业附加，研究制定鼓励生产和使用再生水的税收政策，降低再生水生产和使用成本。同时，各地区要适时制定办法，扩大再生水使用范围，强制部分行业使用再生水。

四、改革水价计价方式，强化征收管理

（八）加快推进对居民生活用水实行阶梯式计量水价制度。未实施阶梯式水价的地区要争取在2005年底前实施。已实施的地区，要依据本地情况，合理核定各级水量基数，在确保基本生活用水的同时，适当拉大各级水量间的差价，促进节约用水。实行用水包费制的地区，要限期实行计量计价制度。

（九）切实推进抄表到户工作。抄表到户是实施阶梯式水价的前提。各地区要切实加强领导和协调，根据当地实际情况，制定计量系统改造计划和实施方案，供水企业因此增加的改造、运营和维护等费用，可计入供水价格，引导和支持供水企业推行抄表到户。

（十）科学制定各类用水定额和非居民用水计划。严格用水定额管理，实施超计划、超定额加价收费方式，缺水城市要实行高额累进加价制度。同时，适当拉大高耗水行业与其他行业用水的差价。对城市绿化、市政设施等公共设施用水要尽快实行计量计价制度。

（十一）完善农业水费计收办法。要将农业供水各环节水价纳入政府价格管理范围，推行到农户的终端水价制度。切实加大农业灌溉设施改造力度，对末级渠系改造进行试点。改革农业供水管理体制和水费计收方式，降低管理成本，创造条件逐步实行计量收费，推行超定额用水加价等制度，促进节约用水，减轻农民水费负担。

（十二）加大污水处理费和水资源费征管力度。采取有效措施提高污水处理费和水资源费的收缴率，切实加大对自备水用户污水处理费和水资源费的征收力度。严禁用水单位在城市排水管网覆盖范围内，擅自将污水直接排入水体，规避交纳污水处理费。自备水用户水资源费要按其实际取水量计收，取水单位或个人应当在取水设施上安装符合标准的计量设施，无计量设施的，可按取水设施的最大实际取水能力计收。同时，加强对污水处理费和水资源费征收、使用的管理和监督，为水资源开发、利用、保护以及节水设施建设和节水技术推广提供资金保障。

五、加强水资源综合规划，努力推进供水管理体制改革

（十三）尽快完成全国水资源综合规划编制工作。发展改革委、水利部要会同有关部门继续做好全国水资源综合规划编制工作。要通过水资源评价，掌握水资源现状和变化趋势；在节水和保护水资源的前提下，研究分析水资源、水环境的承载能力，确定水资源可利用上限；根据水资源可利用潜力和经济社会发展要求，抓紧完善水利及供水工程建设标准，合理调整生活、生产、生态用水定额，制定水资源优化配置方案及跨流域、跨地区配置的工程布局和方案。各地区要统筹考虑城市水资源的开发、利用和保护，协调供水、节水与污水再生利用工程设施建设。建设项目要落实节水措施，做到同时设计、同时施工、同时投入使用。缺水地区在规划建设污水处理设施时，要将污水处理再生利用作为缓解城市水资源短缺的重要措施，同步规划和建设污水再生利用设施。

（十四）积极扶持和促进海水开发利用。尽快制订和实施海水利用规划，优化沿海地区水资源结构，扩大海水利用规模。沿海地区要统筹利用海水淡化水，对以供应居民用水为主的海水淡化厂和管网设施，应予以一定的扶持。利用海水生产淡水的，免征水资源费，以降低其生产成本，扶持和促进海水开发和利用。

（十五）加快城市供水管网更新改造步伐。按照《国务院关于加

强城市供水节水和水污染防治工作的通知》（国发〔2000〕36号）的规定，在对供水管网全面普查基础上，对运行使用超过50年和严重老化的供水管网，尽快予以更新改造，有效降低供水管网漏损率。同时，要将供水管网和排水管网建设结合起来，缺水地区的供水管网改造应与再生水利用管网建设统筹进行，逐步建成供水、排水、再生水管网相匹配的城市供排水管网体系。

（十六）改革供水管理体制。水利工程供水单位要按照《国务院办公厅转发国务院体改办关于水利工程管理体制改革实施意见的通知》（国办发〔2002〕45号）的要求，建立多样化的水利工程管理模式，逐步实行社会化和市场化，通过招标等市场方式，委托符合条件的单位管理水利工程，尽快建立符合我国国情、水情和社会主义市场经济要求的运行机制。城市供水和污水处理单位，要结合国有资产管理体制改革，按照建立现代企业制度的要求，实现政企分开，逐步引入特许经营制度，通过创新机制促使供水单位加强管理、降低成本、提高效率。

六、加强组织领导，确保各项节水和水资源保护政策尽快落实到位

（十七）高度重视，精心组织。水价改革涉及面广，政策性强，实施难度大，各地区、各部门要加强领导、精心组织，积极稳妥地分步推进。要充分考虑用户的实际承受能力，确保低收入家庭的基本生活用水，切实做好对低收入家庭的水费减免工作。各地区要把握水价改革时机，统筹考虑与其他价格改革的衔接，防止集中出台调价项目，保证水价改革顺利实施。

（十八）加强对水价改革工作的督查。各地区要尽快制订水价改革规划，完善配套措施，大力推进水价改革。要明确工作任务和要求，加强跟踪指导和监督检查，采取切实有效的措施，确保各项政策尽快落实到位。发展改革委要会同有关部门定期检查通报各地工作进展情况。

国务院办公厅
2004年4月19日

中华人民共和国电力法

中华人民共和国主席令
第二十四号

《全国人民代表大会常务委员会关于修改〈中华人民共和国电力法〉等六部法律的决定》已由中华人民共和国第十二届全国人民代表大会常务委员会第十四次会议于 2015 年 4 月 24 日通过，现予公布，自公布之日起施行。

中华人民共和国主席　习近平
2015 年 4 月 24 日

（1995 年 12 月 28 日由中华人民共和国第八届全国人民代表大会常务委员会第十七次会议通过；根据 2009 年 8 月 27 日第十一届全国人民代表大会常务委员会第十次会议《关于修改部分法律的决定》修正；根据 2015 年 4 月 24 日第十二届全国人民代表大会常务委员会第十四次会议《中国人民代表大会常务委员会关于修改〈中华人民共和国电力法〉等六部法律的决定》第二次修订）

第一章 总　则

第一条　为了保障和促进电力事业的发展，维护电力投资者、经营者和使用者的合法权益，保障电力安全运行，制定本法。

第二条　本法适用于中华人民共和国境内的电力建设、生产、供应和使用活动。

第三条　电力事业应当适应国民经济和社会发展的需要，适当超前发展。国家鼓励、引导国内外的经济组织和个人依法投资开发电源，兴办电力生产企业。

电力事业投资，实行谁投资、谁收益的原则。

第四条　电力设施受国家保护。

禁止任何单位和个人危害电力设施安全或者非法侵占、使用电能。

第五条　电力建设、生产、供应和使用应当依法保护环境，采取新技术，减少有害物质排放，防治污染和其他公害。

国家鼓励和支持利用可再生能源和清洁能源发电。

第六条　国务院电力管理部门负责全国电力事业的监督管理。国务院有关部门在各自的职责范围内负责电力事业的监督管理。

县级以上地方人民政府经济综合主管部门是本行政区域内的电力管理部门，负责电力事业的监督管理。县级以上地方人民政府有关部门在各自的职责范围内负责电力事业的监督管理。

第七条　电力建设企业、电力生产企业、电网经营企业依法实行自主经营、自负盈亏，并接受电力管理部门的监督。

第八条　国家帮助和扶持少数民族地区、边远地区和贫困地区发展电力事业。

第九条　国家鼓励在电力建设、生产、供应和使用过程中，采用先进的科学技术和管理方法，对在研究、开发、采用先进的科学技术和管理方法等方面作出显著成绩的单位和个人给予奖励。

第二章 电力建设

第十条 电力发展规划应当根据国民经济和社会发展的需要制定,并纳入国民经济和社会发展计划。

电力发展规划,应当体现合理利用能源、电源与电网配套发展、提高经济效益和有利于环境保护的原则。

第十一条 城市电网的建设与改造规划,应当纳入城市总体规划。城市人民政府应当按照规划,安排变电设施用地、输电线路走廊和电缆通道。

任何单位和个人不得非法占用变电设施用地、输电线路走廊和电缆通道。

第十二条 国家通过制定有关政策,支持、促进电力建设。

地方人民政府应当根据电力发展规划,因地制宜,采取多种措施开发电源,发展电力建设。

第十三条 电力投资者对其投资形成的电力,享有法定权益。并网运行的,电力投资者有优先使用权;未并网的自备电厂,电力投资者自行支配使用。

第十四条 电力建设项目应当符合电力发展规划,符合国家电力产业政策。

电力建设项目不得使用国家明令淘汰的电力设备和技术。

第十五条 输变电工程、调度通信自动化工程等电网配套工程和环境保护工程,应当与发电工程项目同时设计、同时建设、同时验收、同时投入使用。

第十六条 电力建设项目使用土地,应当依照有关法律、行政法规的规定办理;依法征收土地的,应当依法支付土地补偿费和安置补偿费,做好迁移居民的安置工作。

电力建设应当贯彻切实保护耕地、节约利用土地的原则。

地方人民政府对电力事业依法使用土地和迁移居民,应当予以支持和协助。

第十七条 地方人民政府应当支持电力企业为发电工程建设勘探水源和依法取水、用水。电力企业应当节约用水。

第三章　电力生产与电网管理

第十八条 电力生产与电网运行应当遵循安全、优质、经济的原则。

电网运行应当连续、稳定，保证供电可靠性。

第十九条 电力企业应当加强安全生产管理，坚持安全第一、预防为主的方针，建立、健全安全生产责任制度。

电力企业应当对电力设施定期进行检修和维护，保证其正常运行。

第二十条 发电燃料供应企业、运输企业和电力生产企业应当依照国务院有关规定或者合同约定供应、运输和接卸燃料。

第二十一条 电网运行实行统一调度、分级管理。任何单位和个人不得非法干预电网调度。

第二十二条 国家提倡电力生产企业与电网、电网与电网并网运行。具有独立法人资格的电力生产企业要求将生产的电力并网运行的，电网经营企业应当接受。

并网运行必须符合国家标准或者电力行业标准。

并网双方应当按照统一调度、分级管理和平等互利、协商一致的原则，签订并网协议，确定双方的权利和义务；并网双方达不成协议的，由省级以上电力管理部门协调决定。

第二十三条 电网调度管理办法，由国务院依照本办法的规定制定。

第四章　电力供应与使用

第二十四条 国家对电力供应和使用，实行安全用电、节约用电、计划用电的管理原则。

电力供应与使用办法由国务院依照本法的规定制定。

第二十五条 供电企业在批准的供电营业区内向用户供电。

供电营业区的划分，应当考虑电网的结构和供电合理性等因素。一个供电营业区内只设立一个供电营业机构。

省、自治区、直辖市范围内的供电营业区的设立、变更，由供电企业提出申请，经省、自治区、直辖市人民政府电力管理部门会同同级有关部门审查批准后，由省、自治区、直辖市人民政府电力管理部门发给《供电营业许可证》。跨省、自治区、直辖市的供电营业区的设立、变更，由国务院电力管理部门审查批准并发给《供电营业许可证》。

第二十六条 供电营业区内的供电营业机构，对本营业区内的用户有按照国家规定供电的义务；不得违反国家规定对其营业区内申请用电的单位和个人拒绝供电。

申请新装用电、临时用电、增加用电容量、变更用电和终止用电，应当依照规定的程序办理手续。

供电企业应当在其营业场所公告用电的程序、制度和收费标准，并提供用户须知资料。

第二十七条 电力供应与使用双方应当根据平等自愿、协商一致的原则，按照国务院制定的电力供应与使用办法签订供用电合同，确定双方的权利和义务。

第二十八条 供电企业应当保证供给用户的供电质量符合国家标准。对公用供电设施引起的供电质量问题，应当及时处理。

用户对供电质量有特殊要求的，供电企业应当根据其必要性和电网的可能，提供相应的电力。

第二十九条 供电企业在发电、供电系统正常的情况下，应当连续向用户供电，不得中断。因供电设施检修、依法限电或者用户违法用电等原因，需要中断供电时，供电企业应当按照国家有关规定事先通知用户。

用户对供电企业中断供电有异议的，可以向电力管理部门投诉；受理投诉的电力管理部门应当依法处理。

第三十条　因抢险救灾需要紧急供电时，供电企业必须尽速安排供电，所需供电工程费用和应付电费依照国家有关规定执行。

第三十一条　用户应当安装用电计量装置。用户使用的电力电量，以计量检定机构依法认可的用电计量装置的记录为准。

用户受电装置的设计、施工安装和运行管理，应当符合国家标准或者电力行业标准。

第三十二条　用户用电不得危害供电、用电安全和扰乱供电、用电秩序。

对危害供电、用电安全和扰乱供电、用电秩序的，供电企业有权制止。

第三十三条　供电企业应当按照国家核准的电价和用电计量装置的记录，向用户计收电费。

供电企业查电人员和抄表收费人员进入用户，进行用电安全检查或者抄表收费时，应当出示有关证件。

用户应当按照国家核准的电价和用电计量装置的记录，按时交纳电费；对供电企业查电人员和抄表收费人员依法履行职责，应当提供方便。

第三十四条　供电企业和用户应当遵守国家有关规定，采取有效措施，做好安全用电、节约用电和计划用电工作。

第五章　电价与电费

第三十五条　本法所称电价，是指电力生产企业的上网电价、电网间的互供电价、电网销售电价。

电价实行统一政策，统一定价原则，分级管理。

第三十六条　制定电价，应当合理补偿成本，合理确定收益，依法计入税金，坚持公平负担，促进电力建设。

第三十七条　上网电价实行同网同质同价。具体办法和实施步骤由国务院规定。

电力生产企业有特殊情况需另行制定上网电价的，具体办法由国务院规定。

第三十八条 跨省、自治区、直辖市电网和省级电网内的上网电价，由电力生产企业和电网经营企业协商提出方案，报国务院物价行政主管部门核准。

独立电网内的上网电价，由电力生产企业和电网经营企业协商提出方案，报有管理权的物价行政主管部门核准。

地方投资的电力生产企业所生产的电力，属于在省内各地区形成独立电网的或者自发自用的，其电价可以由省、自治区、直辖市人民政府管理。

第三十九条 跨省、自治区、直辖市电网和独立电网之间、省级电网和独立电网之间的互供电价，由双方协商提出方案，报国务院物价行政主管部门或者其授权的部门核准。

独立电网与独立电网之间的互供电价，由双方协商提出方案，报有管理权的物价行政主管部门核准。

第四十条 跨省、自治区、直辖市电网和省级电网的销售电价，由电网经营企业提出方案，报国务院物价行政主管部门或者其授权的部门核准。

独立电网的销售电价，由电网经营企业提出方案，报有管理权的物价行政主管部门核准。

第四十一条 国家实行分类电价和分时电价。分类标准和分时办法由国务院确定。

对同一电网内的同一电压等级、同一用电类别的用户，执行相同的电价标准。

第四十二条 用户用电增容收费标准，由国务院物价行政主管部门会同国务院电力管理部门制定。

第四十三条 任何单位不得超越电价管理权限制定电价。供电企业不得擅自变更电价。

第四十四条 禁止任何单位和个人在电费中加收其他费用;但是,法律、行政法规另有规定的,按照规定执行。

地方集资办电在电费中加收费用的,由省、自治区、直辖市人民政府依照国务院有关规定制定办法。

禁止供电企业在收取电费时,代收其他费用。

第四十五条 电价的管理办法,由国务院依照本法的规定制定。

第六章 农村电力建设和农业用电

第四十六条 省、自治区、直辖市人民政府应当制定农村电气化发展规划,并将其纳入当地电力发展规划及国民经济和社会发展计划。

第四十七条 国家对农村电气化实行优惠政策,对少数民族地区、边远地区和贫困地区的农村电力建设给予重点扶持。

第四十八条 国家提倡农村开发水能资源,建设中、小型水电站,促进农村电气化。

国家鼓励和支持农村利用太阳能、风能、地热能、生物质能和其他能源进行农村电源建设,增加农村电力供应。

第四十九条 县级以上地方人民政府及其经济综合主管部门在安排用电指标时,应当保证农业和农村用电的适当比例,优先保证农村排涝、抗旱和农业季节性生产用电。

电力企业应当执行前款的用电安排,不得减少农业和农村用电指标。

第五十条 农业用电价格按照保本、微利的原则确定。

农民生活用电与当地城镇居民生活用电应当逐步实行相同的电价。

第五十一条 农业和农村用电管理办法,由国务院依照本办法的规定制定。

第七章 电力设施保护

第五十二条 任何单位和个人不得危害发电设施、变电设施和电力线路设施及其有关辅助设施。

在电力设施周围进行爆破及其他可能危及电力设施安全的作业的，应当按照国务院有关电力设施保护的规定，经批准并采取确保电力设施安全的措施后，方可进行作业。

第五十三条 电力管理部门应当按照国务院有关电力设施保护的规定，对电力设施保护区设立标志。

任何单位和个人不得在依法划定的电力设施保护区内修建可能危及电力设施安全的建筑物、构筑物，不得种植可能危及电力设施安全的植物，不得堆放可能危及电力设施安全的物品。

在依法划定电力设施保护区前已经种植的植物妨碍电力设施安全的，应当修剪或者砍伐。

第五十四条 任何单位和个人需要在依法划定的电力设施保护区内进行可能危及电力设施安全的作业时，应当经电力管理部门批准并采取安全措施后，方可进行作业。

第五十五条 电力设施与公用工程、绿化工程和其他工程在新建、改建或者扩建中相互妨碍时，有关单位应当按照国家有关规定协商，达成协议后方可施工。

第八章　监督检查

第五十六条 电力管理部门依法对电力企业和用户执行电力法律、行政法规的情况进行监督检查。

第五十七条 电力管理部门根据工作需要，可以配备电力监督检查人员。

电力监督检查人员应当公正廉洁，秉公执法，熟悉电力法律、法规，掌握有关电力专业技术。

第五十八条 电力监督检查人员进行监督检查时，有权向电力企业或者用户了解有关执行电力法律、行政法规的情况，查阅有关资料，并有权进入现场进行检查。

电力企业和用户对执行监督检查任务的电力监督检查人员应当提供方便。

电力监督检查人员进行监督检查时,应当出示证件。

第九章　法律责任

第五十九条　电力企业或者用户违反供用电合同,给对方造成损失的,应当依法承担赔偿责任。

电力企业违反本法第二十八条、第二十九条第一款的规定,未保证供电质量或者未事先通知用户中断供电,给用户造成损失的,应当依法承担赔偿责任。

第六十条　因电力运行事故给用户或者第三人造成损害的,电力企业应当依法承担赔偿责任。

电力运行事故由下列原因之一造成的,电力企业不承担赔偿责任:

(一) 不可抗力;

(二) 用户自身的过错。

因用户或者第三人的过错给电力企业或者其他用户造成损害的,该用户或者第三人应当依法承担赔偿责任。

第六十一条　违反本法第十一条第二款的规定,非法占用变电设施用地、输电线路走廊或者电缆通道的,由县级以上地方人民政府责令限期改正;逾期不改正的,强制清除障碍。

第六十二条　违反本法第十四条规定,电力建设项目不符合电力发展规划、产业政策的,由电力管理部门责令停止建设。

违反本法第十四条规定,电力建设项目使用国家明令淘汰的电力设备和技术的,由电力管理部门责令停止使用,没收国家明令淘汰的电力设备,并处5万元以下的罚款。

第六十三条　违反本法第二十五条规定,未经许可,从事供电或者变更供电营业区的,由电力管理部门责令改正,没收违法所得,可以并处违法所得5倍以下的罚款。

第六十四条 违反本法第二十六条、第二十九条规定，拒绝供电或者中断供电的，由电力管理部门责令改正，给予警告；情节严重的，对有关主管人员和直接责任人员给予行政处分。

第六十五条 违反本法第三十二条规定，危害供电、用电安全或者扰乱供电、用电秩序的，由电力管理部门责令改正，给予警告；情节严重或者拒绝改正的，可以中止供电，可以并处5万元以下的罚款。

第六十六条 违反本法第三十三条、第四十三条、第四十四条规定，未按照国家核准的电价和用电计量装置的记录向用户计收电费、超越权限制定电价或者在电费中加收其他费用的，由物价行政主管部门给予警告，责令返还违法收取的费用，可以并处违法收取费用5倍以下的罚款；情节严重的，对有关主管人员和直接责任人员给予行政处分。

第六十七条 违反本法第四十九条第二款规定，减少农业和农村用电指标的，由电力管理部门责令改正；情节严重的，对有关主管人员和直接责任人员给予行政处分；造成损失的，责令赔偿损失。

第六十八条 违反本法第五十二条第二款和第五十四条规定，未经批准或者未采取安全措施在电力设施周围或者在依法划定的电力设施保护区内进行作业，危及电力设施安全的，由电力管理部门责令停止作业、恢复原状并赔偿损失。

第六十九条 违反本法第五十三条规定，在依法划定的电力设施保护区内修建建筑物、构筑物或者种植植物、堆放物品，危及电力设施安全的，由当地人民政府责令强制拆除、砍伐或者清除。

第七十条 有下列行为之一，应当给予治安管理处罚的，由公安机关依照治安管理处罚法的有关规定予以处罚；构成犯罪的，依法追究刑事责任：

（一）阻碍电力建设或者电力设施抢修，致使电力建设或者电力设施抢修不能正常进行的；

（二）扰乱电力生产企业、变电所、电力调度机构和供电企业的秩序，致使生产、工作和营业不能正常进行的；

（三）殴打、公然侮辱履行职务的查电人员或者抄表收费人员的；

（四）拒绝、阻碍电力监督检查人员依法执行职务的。

第七十一条 盗窃电能的，由电力管理部门责令停止违法行为，追缴电费并处应交电费 5 倍以下的罚款；构成犯罪的，依照刑法有关规定追究刑事责任。

第七十二条 盗窃电力设施或者以其他方法破坏电力设施，危害公共安全的，依照刑法有关规定追究刑事责任。

第七十三条 电力管理部门的工作人员滥用职权、玩忽职守、徇私舞弊，构成犯罪的，依法追究刑事责任；尚不构成犯罪的，依法给予行政处分。

第七十四条 电力企业职工违反规章制度、违章调度或者不服从调度指令，造成重大事故的，依照刑法有关规定追究刑事责任。

电力企业职工故意延误电力设施抢修或者抢险救灾供电，造成严重后果的，依照刑法有关规定追究刑事责任。

电力企业的管理人员和查电人员、抄表收费人员勒索用户、以电谋私，构成犯罪的，依法追究刑事责任；尚不构成犯罪的，依法给予行政处分。

第十章　附　则

第七十五条 本法自 1996 年 4 月 1 日起施行。

附 录

电力供应与使用条例

中华人民共和国国务院令

第 666 号

《国务院关于修改部分行政法规的决定》已经 2016 年 1 月 13 日国务院第 119 次常务会议通过，现予公布，自公布之日起施行。

总理 李克强

2016 年 2 月 6 日

（1996 年 4 月 17 日中华人民共和国国务院令第 196 号发布；根据 2016 年 2 月 6 日《国务院关于修改部分行政法规的决定》修订）

第一章 总 则

第一条 为了加强电力供应与使用的管理，保障供电、用电双方的合法权益，维护供电、用电秩序，安全、经济、合理地供电和用电，根据《中华人民共和国电力法》制定本条例。

第二条 在中华人民共和国境内，电力供应企业（以下称供电企业）和电力使用者（以下称用户）以及与电力供应、使用有关的单位和个人，必须遵守本条例。

第三条 国务院电力管理部门负责全国电力供应与使用的监督管理工作。

县级以上地方人民政府电力管理部门负责本行政区域内电力供应与使用的监督管理工作。

第四条 电网经营企业依法负责本供区内的电力供应与使用的业务工作,并接受电力管理部门的监督。

第五条 国家对电力供应和使用实行安全用电、节约用电、计划用电的管理原则。

供电企业和用户应当遵守国家有关规定,采取有效措施,做好安全用电、节约用电、计划用电工作。

第六条 供电企业和用户应当根据平等自愿、协商一致的原则签订供用电合同。

第七条 电力管理部门应当加强对供用电的监督管理,协调供用电各方关系,禁止危害供用电安全和非法侵占电能的行为。

第二章 供电营业区

第八条 供电企业在批准的供电营业区内向用户供电。

供电营业区的划分,应当考虑电网的结构和供电合理性等因素。一个供电营业区内只设立一个供电营业机构。

第九条 省、自治区、直辖市范围内的供电营业区的设立、变更,由供电企业提出申请,经省、自治区、直辖市人民政府电力管理部门会同同级有关部门审查批准后,由省、自治区、直辖市人民政府电力管理部门发给《供电营业许可证》。跨省、自治区、直辖市的供电营业区的设立、变更,由国务院电力管理部门审查批准并发给《供电营业许可证》。

电网经营企业应当根据电网结构和供电合理性的原则协助电力管理部门划分供电营业区。

供电营业区的划分和管理办法,由国务院电力管理部门制定。

第十条 并网运行的电力生产企业按照并网协议运行后,送入电网的电力、电量由供电营业机构统一经销。

第十一条 用户用电容量超过其所在的供电营业区内供电企业供电能力的，由省级以上电力管理部门指定的其他供电企业供电。

第三章 供电设施

第十二条 县级以上各级人民政府应当将城乡电网的建设与改造规划，纳入城市建设和乡村建设的总体规划。各级电力管理部门应当会同有关行政主管部门和电网经营企业做好城乡电网建设和改造的规划。供电企业应当按照规划做好供电设施建设和运行管理工作。

第十三条 地方各级人民政府应当按照城市建设和乡村建设的总体规划统筹安排城乡供电线路走廊、电缆通道、区域变电所、区域配电所和营业网点的用地。

供电企业可以按照国家有关规定在规划的线路走廊、电缆通道、区域变电所、区域配电所和营业网点的用地上，架线、敷设电缆和建设公用供电设施。

第十四条 公用路灯由乡、民族乡、镇人民政府或者县级以上地方人民政府有关部门负责建设，并负责运行维护和交付电费，也可以委托供电企业代为有偿设计、施工和维护管理。

第十五条 供电设施、受电设施的设计、施工、试验和运行，应当符合国家标准或者电力行业标准。

第十六条 供电企业和用户对供电设施、受电设施进行建设和维护时，作业区域内的有关单位和个人应当给予协助，提供方便；因作业对建筑物或者农作物造成损坏的，应当依照有关法律、行政法规的规定负责修复或者给予合理的补偿。

第十七条 公用供电设施建成投产后，由供电单位统一维护管理。经电力管理部门批准，供电企业可以使用、改造、扩建该供电设施。

共用供电设施的维护管理，由产权单位协商确定，产权单位可自行维护管理，也可以委托供电企业维护管理。

用户专用的供电设施建成投产后，由用户维护管理或者委托供电企业维护管理。

第十八条 因建设需要，必须对已建成的供电设施进行迁移、改造或者采取防护措施时，建设单位应当事先与该供电设施管理单位协商，所需工程费用由建设单位负担。

第四章 电力供应

第十九条 用户受电端的供电质量应当符合国家标准或者电力行业标准。

第二十条 供电方式应当按照安全、可靠、经济、合理和便于管理的原则，由电力供应与使用双方根据国家有关规定以及电网规划、用电需求和当地供电条件等因素协商确定。

在公用供电设施未到达的地区，供电企业可以委托有供电能力的单位就近供电。非经供电企业委托，任何单位不得擅自向外供电。

第二十一条 因抢险救灾需要紧急供电时，供电企业必须尽速安排供电。所需工程费用和应付电费由有关地方人民政府有关部门从抢险救灾经费中支出，但是抗旱用电应当由用户交付电费。

第二十二条 用户对供电质量有特殊要求的，供电企业应当根据其必要性和电网的可能，提供相应的电力。

第二十三条 申请新装用电、临时用电、增加用电容量、变更用电和终止用电，均应当到当地供电企业办理手续，并按照国家有关规定交付费用；供电企业没有不予供电的合理理由的，应当供电。供电企业应当在其营业场所公告用电的程序、制度和收费标准。

第二十四条 供电企业应当按照国家标准或者电力行业标准参与用户受送电装置设计图纸的审核，对用户受送电装置隐蔽工程的施工过程实施监督，并在该受送电装置工程竣工后进行检验；检验合格的，方可投入使用。

第二十五条 供电企业应当按照国家有关规定实行分类电价、分时电价。

第二十六条 用户应当安装用电计量装置。用户使用的电力、电量，以计量检定机构依法认可的用电计量装置的记录为准。用电计量装置，应当安装在供电设施与受电设施的产权分界处。

安装在用户处的用电计量装置，由用户负责保护。

第二十七条 供电企业应当按照国家核准的电价和用电计量装置的记录，向用户计收电费。

用户应当按照国家批准的电价，并按照规定的期限、方式或者合同约定的办法，交付电费。

第二十八条 除本条例另有规定外，在发电、供电系统正常运行的情况下，供电企业应当连续向用户供电；因故需要停止供电时，应当按照下列要求事先通知用户或者进行公告：

（一）因供电设施计划检修需要停电时，供电企业应当提前7天通知用户或者进行公告；

（二）因供电设施临时检修需要停止供电时，供电企业应当提前24小时通知重要用户；

（三）因发电、供电系统发生故障需要停电、限电时，供电企业应当按照事先确定的限电序位进行停电或者限电。引起停电或者限电的原因消除后，供电企业应当尽快恢复供电。

第五章 电力使用

第二十九条 县级以上人民政府电力管理部门应当遵照国家产业政策，按照统筹兼顾、保证重点、择优供应的原则，做好计划用电工作。

供电企业和用户应当制订节约用电计划，推广和采用节约用电的新技术、新材料、新工艺、新设备，降低电能消耗。

供电企业和用户应当采用先进技术，采取科学管理措施，安全供电、用电，避免发生事故，维护公共安全。

第三十条 用户不得有下列危害供电、用电安全，扰乱正常供电、用电秩序的行为：

（一）擅自改变用电类别；

（二）擅自超过合同约定的容量用电；

（三）擅自超过计划分配的用电指标的；

（四）擅自使用已经在供电企业办理暂停使用手续的电力设备，或者擅自启用已经被供电企业查封的电力设备；

（五）擅自迁移、更动或者擅自操作供电企业的用电计量装置、电力负荷控制装置、供电设施以及约定由供电企业调度的用户受电设备；

（六）未经供电企业许可，擅自引入、供出电源或者将自备电源擅自并网。

第三十一条 禁止窃电行为。窃电行为包括：

（一）在供电企业的供电设施上，擅自接线用电；

（二）绕越供电企业的用电计量装置用电；

（三）伪造或者开启法定的或者授权的计量检定机构加封的用电计量装置封印用电；

（四）故意损坏供电企业用电计量装置；

（五）故意使供电企业的用电计量装置计量不准或者失效；

（六）采用其他方法窃电。

第六章 供用电合同

第三十二条 供电企业和用户应当在供电前根据用户需要和供电企业的供电能力签订供用电合同。

第三十三条 供用电合同应当具备以下条款：

（一）供电方式、供电质量和供电时间；

（二）用电容量和用电地址、用电性质；

（三）计量方式和电价、电费结算方式；

（四）供用电设施维护责任的划分；

（五）合同的有效期限；

（六）违约责任；

（七）双方共同认为应当约定的其他条款。

第三十四条 供电企业应当按照合同约定的数量、质量、时间、方式,合理调度和安全供电。

用户应当按照合同约定的数量、条件用电,交付电费和国家规定的其他费用。

第三十五条 供用电合同的变更或者解除,应当依照有关法律、行政法规和本条例的规定办理。

第七章 监督与管理

第三十六条 电力管理部门应当加强对供电、用电的监督和管理。供电、用电监督检查工作人员必须具备相应的条件。供电、用电监督检查工作人员执行公务时,应当出示证件。

供电、用电监督检查管理的具体办法,由国务院电力管理部门另行制定。

第三十七条 在用户受送电装置上作业的电工,必须经电力管理部门考核合格,取得电力管理部门颁发的《电工进网作业许可证》,方可上岗作业。

承装、承修、承试供电设施和受电设施的单位,必须经电力管理部门审核合格,取得电力管理部门颁发的《承装(修)电力设施许可证》。

第八章 法律责任

第三十八条 违反本条例规定,有下列行为之一的,由电力管理部门责令改正,没收违法所得,可以并处违法所得5倍以下的罚款:

(一)未按照规定取得《供电营业许可证》,从事电力供应业务的;

(二)擅自伸入或者跨越供电营业区供电的;

(三)擅自向外转供电的。

第三十九条 违反本条例第二十七条规定,逾期未交付电费的,供电企业可以从逾期之日起,每日按照电费总额的1‰至3‰加收违约金，具体比例由供用电双方在供用电合同中约定；自逾期之日起计算超过 30 日，经催交仍未交付电费的，供电企业可以按照国家规定的程序停止供电。

第四十条 违反本条例第三十条规定，违章用电的，供电企业可以根据违章事实和造成的后果追缴电费，并按照国务院电力管理部门的规定加收电费和国家规定的其他费用；情节严重的，可以按照国家规定的程序停止供电。

第四十一条 违反本条例第三十一条规定，盗窃电能的，由电力管理部门责令停止违法行为，追缴电费并处应交电费 5 倍以下的罚款；构成犯罪的，依法追究刑事责任。

第四十二条 供电企业或者用户违反供用电合同，给对方造成损失的，应当依法承担赔偿责任。

第四十三条 因电力运行事故给用户或者第三人造成损害的，供电企业应当依法承担赔偿责任。

因用户或者第三人的过错给供电企业或者其他用户造成损害的，该用户或者第三人应当依法承担赔偿责任。

第四十四条 供电企业职工违反规章制度造成供电事故的，或者滥用职权、利用职务之便谋取私利的，依法给予行政处分；构成犯罪的，依法追究刑事责任。

第九章 附 则

第四十五条 本条例自 1996 年 9 月 1 日起施行。

关于加强重大节假日期间居民生活用电保障工作的通知

办供电〔2012〕137号

各派出机构、国家电网公司办公厅、南方电网公司办公厅、有关地方供电企业：

重大节假日是居民生活用电的高峰时期，保障节假日期间居民生活用电关系到社会的和谐稳定，为确保重要节假日期间居民生活用电，大力推进居民用电服务满意工程，现就有关事项通知如下：

一、认真开展负荷分析和摸底排查、预警工作。各级电网、供电企业要做好重载的城市配电线路、台区和农村用电负荷的摸底调查工作，认真分析近年来城乡重大节假日期间用电负荷情况和高峰负荷增长变化趋势，提前开展高峰负荷预测，特别是对近年来春节期间农村用电需求矛盾较突出的地方，要按照重大节假日期间可能发生设施过载的严重程度，对供电线路和配变建立预警档案，并制定切实可行的改造方案，认真组织实施。

二、加强配电网安全巡视和升级改造工作，确保电网安全稳定运行。各级电网、供电企业要在重大节假日前全面组织开展线路和设备巡视及消缺工作，尤其要加强对老旧、重载和安全性能较差线路的巡视力度。对户均配电容量低于1千伏安的配电台区，要根据实际需求，抓紧线路改造和新增配变设施布点或增容改造工作。同时要加强用电安全知识的宣传工作，普及安全用电、节约用电知识，防止因安全用电知识匮乏造成的人身及安全事故。

三、加强电力调度和故障抢修，最大限度地减少居民停电次数和时间。各级电网、供电企业要进一步加强重大节假日期间负荷的调度，及时转移高峰负荷，避免局部线路和设备出现过载、损毁等情况。要加强备品备件等应急物资的储备和管理力度，增配故障抢修人员，全天候及时抢修各类故障。对涉及较大范围居民用电的停电故障，主要领导要亲自带队现场指挥，尽快恢复供电。

四、加强应急值守，确保信息畅通和及时准确公开。各级电网、供电企业要认真执行应急值班值守制度，明确带班领导和值班人员，明确值班电话及传真号码。对天气原因或自然灾害引起较大范围或者有一定社会影响的居民停电事件，要按照信息报送有关规定及时、准确向监管机构报送有关信息。要严格履行停限电告知义务，规范告知方式、时间和内容，重大节假日期间原则上不允许对非恶意欠费的居民用户实施欠费停电。

五、畅通投诉举报渠道，维护居民用户的合法权益。各电力监管派出机构要建立12398电力监管热线与95598供电服务热线的协调工作机制，及时发现节假日期间电力供应保障和服务中的问题和薄弱环节，加强监管和督促整改。完善12398投诉闭环管控机制，切实维护用户的合法权益与合理诉求。

六、切实加强组织领导，切实落实责任。各电力监管派出机构要充分利用居民用电服务质量监管专项行动建立的工作机制，认真做好保障节假日用电措施和预案的监管，各级电网、供电企业要高度重视，落实责任，及时处理节假日期间居民生活用电相关事宜。对工作不落实、保电措施不到位，严重影响居民生活用电的事件，监管机构将进行专项监管并予以通报。

国家电力监管委员会办公厅
二〇一二年十一月二十日

节约用电管理办法

国家经济贸易委员会 国家发展计划委员会
关于印发《节约用电管理办法》的通知
国经贸资源〔2000〕1256号

各省、自治区、直辖市、计划单列市及新疆生产建设兵团经贸委(经委)、计委、物价局(委员会),国务院有关部门,国家电力公司,有关单位:

  为加强节电工作,国家经贸委、国家计委联合制定了《节约用电管理办法》,经报请国务院批准,现印发给你们,请遵照执行,同时废止《国务院批转国家经委、国家计委〈关于进一步加强节约用电的若干规定〉的通知》(国发〔1987〕25号)。

国家经济贸易委员会
国家发展计划委员会
二〇〇〇年十二月二十九日

第一章 总 则

  第一条 为了加强节能管理,提高能效,促进电能的合理利用,改善能源结构,保障经济持续发展,根据《中华人民共和国节约能源法》、《中华人民共和国电力法》,制定本办法。

  第二条 本办法所称电力,是指国家和地方电网以及企业自备电厂等所提供的各类电能。

  第三条 本办法所称节约用电,是指加强用电管理,采取技术上可行、经济上合理的节电措施,减少电能的直接和间接损耗,提高能源效率和保护环境。

第四条 国家经济贸易委员会、国家发展计划委员会按照职责分工主管全国的节约用电工作，负责制定节约用电政策、规划，发布节约用电信息，定期公布淘汰低效高耗电的生产工艺、技术和设备目录，监督、指导全国的节约用电工作。

地方各级人民政府节约用电主管部门和行业节约用电管理部门负责制定本地区和本行业的节约用电规划，实行高耗电产品电耗限额管理和电力需求侧管理，监督、指导各自职责范围内的节约用电工作。

第五条 国家经济贸易委员会、国家发展计划委员会和地方各级人民政府节约用电主管部门鼓励、支持节约用电科学技术的研究和推广，加强节约用电宣传和教育，普及节约用电科学知识，提高全民的节约用电意识。

第六条 任何单位和个人都应当履行节约用电义务。国家经济贸易委员会、地方各级人民政府节约用电主管部门和行业节约用电管理部门依法建立节约用电奖惩制度。

第二章 节约用电管理

第七条 根据《中华人民共和国节约能源法》第十五条、第十六条之规定，国家经济贸易委员会、国家发展计划委员会和地方各级人民政府节约用电主管部门，应当会同有关部门，加强对高耗电行业的监督和指导，督促其采取有效的节约用电措施，推进节约用电技术进步，降低单位产品的电力消耗。

第八条 国家经济贸易委员会对高耗电的主要产品实行单位产品电耗最高限额管理，定期公布主要高耗电产品的国内先进电耗指标。

地方各级人民政府节约用电主管部门和行业节约用电管理部门可根据本地区和本行业实际情况制定不高于国家公布的单位产品电耗最高限额指标。

第九条 用电负荷在 500 千瓦及以上或年用电量在 300 万千瓦时及以上的用户应当按照《企业设备电能平衡通则》（GB/T3484）规定，委托具有检验测试技术条件的单位每二至四年进行一次电平衡测试,并据此制定切实可行的节约用电措施。

第十条 用电负荷在1000千瓦及以上的用户,应当遵守《评价企业合理用电技术导则》(GB/T3485)和《产品电耗定额和管理导则》(GB/T5623)的规定。不符合节约用电标准、规程的,应当及时改正。

第十一条 电力用户应当根据本办法的有关条款,积极采取经济合理、技术可行、环境允许的节约用电措施,制定节约用电规划和降耗目标,做好节约用电工作。

第十二条 固定资产投资项目的可行性研究报告中应当包括用电设施的节约用电评价等合理用能的专题论证。其中,高耗电的工程项目,应当经有资格的咨询机构评估。

高耗电的指标由省级及省级以上人民政府节约用电主管部门制定。

第十三条 禁止生产、销售国家明令淘汰的低效高耗电的设备、产品。国家明令淘汰的低效高耗电的工艺、技术和设备,禁止在新建或改建工程项目中采用;正在使用的应限期停止使用,不得转移他人使用。

第十四条 用电产品说明书和产品标识上应当注明耗电指标。鼓励推广经过国家节能认证的节约用电产品,鼓励建立能源服务公司,促进高耗电工艺、技术和设备的淘汰和改造,传播节约用电信息。

第三章 电力需求侧管理

第十五条 电力需求侧管理,是指通过提高终端用电效率和优化用电方式,在完成同样用电功能的同时减少电量消耗和电力需求,达到节约能源和保护环境,实现低成本电力服务所进行的用电管理活动。

第十六条 各级经济贸易委员会要积极推动需求侧管理。对终端用户进行负荷管理,推行可中断负荷方式和直接负荷控制,以充分利用电力系统的低谷电能。

第十七条 鼓励下列节约用电措施:

(一)推广绿色照明技术、产品和节能型家用电器;

(二)降低发电厂用电和线损率,杜绝不明损耗;

(三)鼓励余热、余压和新能源发电,支持清洁、高效的热电联产、热电冷联产和综合利用电厂；

（四）推广用电设备经济运行方式；

（五）加快低效风机、水泵、电动机、变压器的更新改造，提高系统运行效率；

（六）推广高频可控硅调压装置、节能型变压器；

（七）推广交流电动机调速节电技术；

（八）推行热处理、电镀、铸锻、制氧等工艺的专业化生产；

（九）推广热泵、燃气-蒸汽联合循环发电技术；

（十）推广远红外、微波加热技术；

（十一）推广应用蓄冷、蓄热技术。

第十八条 电力规划或综合资源规划中应当包括电力需求侧管理的内容。

第十九条 扩大两部制电价的使用范围，逐步提高基本电价，降低电度电价；加速推广峰谷分时电价和丰枯电价，逐步拉大峰谷、丰枯电价差距；研究制定并推行可停电负荷电价。

第二十条 对应用国家重点推广或经过国家节能认证的节约用电产品的电力用户，可向省级价格主管部门和电力行政管理部门申请减免新增电力容量供电工程贴费，价格主管部门在征求电力企业意见的基础上予以协调处理；对列入《国家高新技术产品目录》的节约用电技术和产品，享受国家规定的税收优惠政策。

第二十一条 电力企业应当加强电力需求侧管理的宣传和组织推动工作，其所发生的有关费用可在管理费用中据实列支。

第四章 节约用电技术进步

第二十二条 国家鼓励、支持先进节约用电技术的创新，公布先进节约用电技术的开发重点和方向，建立和完善节约用电技术服务体系，培育和规范节约用电技术市场。

第二十三条 国家组织实施重大节约用电科研项目、节约用电示范工程，组织提出节约用电产品的节能认证和推广目录。

国家制定优惠政策，支持节约用电示范工程和节约用电推广目录中的技术、产品，并鼓励引进国外先进的节约用电技术和产品。

第二十四条 地方财政安排的科学研究经费应当支持先进节约用电技术的研究和应用。

第五章 奖 惩

第二十五条 国家经济贸易委员会、国家发展计划委员会和地方各级人民政府节约用电主管部门和行业节约用电管理部门对在节电降耗中成绩显著的集体和个人应当给予表彰和奖励。

第二十六条 企业应当制定奖惩办法，对在单位产品电力消耗管理中取得成绩的集体和个人给予奖励，对单位产品电力消耗超过最高限额的集体和个人给予惩罚。

第二十七条 违反本办法第八条规定，单位产品电力消耗超过最高限额指标的，限期治理；未达到要求的或逾期不治理的，由县级以上人民政府节约用电主管部门提出处理建议，报请同级人民政府按照国务院规定的权限责令停业整顿或者关闭。

新建或改建超过单位产品电耗最高限额的产品生产能力的工程项目，由县级以上人民政府节约用电主管部门会同项目审批单位责令停止建设。

第二十八条 违反本办法第十三条规定，新建或改建工程项目采用国家明令淘汰的低效高耗电的工艺、技术和设备的，由县级以上人民政府节约用电主管部门会同项目审批单位责令停止建设，并依法追究项目责任人和设计负责人的责任。

违反本办法第十三条规定，生产、销售国家明令淘汰的低效高耗电的设备、产品的；或使用国家明令淘汰的低效高耗电的工艺、技术和设备的；或将国家明令淘汰的低效高耗电的设备、产品转让他人使用的，按照《中华人民共和国节约能源法》的有关规定予以处罚。

第六章 附 则

第二十九条 本办法自发布之日起施行。

供用电监督管理办法

中华人民共和国国家发展和改革委员会令
第10号

根据国务院办公厅《关于做好规章清理工作有关问题的通知》（国办发〔2010〕28号）要求，经商国务院相关部门同意，国家发展改革委决定废止《农业化学物质产品行政保护条例实施细则》等9件规章和《关于中药价格管理的改革意见》等476件规范性文件，宣布《关于发展热电联产的若干规定》等3件规章和《关于严格按计划供应顶重油烧的柴油的通知》等331件规范性文件失效，修改《供用电监督管理办法》等5件规章和《关于依法惩处妨碍物价检查人员执行公务的违法犯罪活动的通知》等3件规范性文件。

国家发展和改革委员会主任
二〇一一年六月三十日

第一章 总 则

第一条 为加强电力供应与使用的监督管理，根据《电力供应与使用条例》第三十六条规定，制定本办法。

第二条 从事供用电监督管理的机构和人员，在执行监督检查任务时，必须遵守本办法。

第三条 供用电监督管理必须以事实为依据，以电力法律和行政法规以及电力技术标准为准则，遵循本办法的规定进行。

第二章 监督管理

第四条 县以上电力管理部门负责本行政区域内供电、用电的监督工作。但上级电力管理部门认为工作必需，可指派供用电监督人员直接进行监督检查。

第五条 供用电监督管理的职责是：

1. 宣传、普及电力法律和行政法规知识；

2. 监督电力法律、行政法规和电力技术标准的执行；

3. 监督国家有关电力供应与使用政策、方针的执行；

4. 负责月用电计划审核和批准工作；

5. 协调处理供用电纠纷，依法保护电力投资者、供应者与使用者的合法权益；

6. 负责进网作业电工和承装（修、试）单位资格审查，并核发许可证；

7. 协助司法机关查处电力供应与使用中发生的治安、刑事案件；

8. 依法查处电力违法行为，并作出行政处罚。

第六条 供用电监督人员在依法执行监督检查公务时，应出示《供用电监督证》。被检查的单位应接受检查，并根据监督人员依法提出的要求，提供有关情况、回答有关询问、协助提取证据、出示工作证件等。

第七条 供用电监督人员依法执行监督公务时，应遵守被检查单位的保卫保密规定；现场勘查不得直接或替代他人从事电工作业，也不得非法干预被检查单位正常的生产调度工作。

第三章 监督检查人员资格

第八条 各级电力管理部门应依法配备供用电监督管理人员。担任供用电监督管理工作的人员必须是经过国家考试合格，并取得相应任聘资格证书的人员。

第九条 供用电监督资格由个人提出书面申请，经申请人所在单位同意，县以上电力管理部门推荐，接受专门知识和技能的培训，参加全国统一组织的考试，合格后发给《供用电监督资格证》。

第十条 申请供用电监督资格者应具备下列条件：

1. 作风正派，办事公道，廉洁奉公；

2. 具有电气专业中专以上或相当学历的文化程度；

3. 有三年以上从事供用电专业工作的实际经验和相应的管理能力；

4. 经过法律知识培训，熟悉电力方面的法律、行政法规和电力技术的标准以及供用电管理规章。

第十一条 省级电力管理部门负责本行政区域内的供用电监督管理人员的资格申请、审查和专门知识及技能的培训工作。

国务院电力管理部门负责供用电监督资格的全国统一考试，并对合格者颁发《供用电监督资格证》。

《供用电监督资格证》由国务院电力管理部门统一制作。

第十二条 县以上电力管理部门必须从取得《供用电监督资格证》的人员中，择优聘用供用电监督人员，报经省电力管理部门批准，并取得《供用电监督证》后，方能从事电力监督管理工作。

《供用电监督证》由国务院电力管理部门统一制作。

第四章　电力违法行为查处

第十三条 各级电力管理部门负责本行政区域内发生的电力违法行为查处工作。上级电力管理部门认为必要时，可直接查处下级电力管理部门管辖的电力违法行为，也可将自己查处的电力违法事件交由下级电力管理部门查处。对电力违法行为情节复杂，需由上一级电力管理部门查处更为适宜时，下级电力管理部门可报请上一级电力管理部门查处。

第十四条 电力管理部门对下列方式要求处理的电力违法事件，应当受理：

1. 用户或群众举报的；

2. 供电企业提请处理的；

3. 上级电力管理部门交办的；

4. 其他部门移送的。

电力管理部门对受理的电力违法事件,可视电力违法事件性质和危及电网安全运行的紧迫程度,可依法在现场查处,也可立案处理。

第十五条 电力违法行为,可用书面和口头方式举报。口头方式举报的事件,受理人应详细记录并经核对无误后,由举报人签章。举报人举报的事件如不愿使用真实姓名的,电力管理部门应尊重举报人的意愿。

第十六条 电力管理部门发现受理的举报事件不属于本部门查处的,应及时向举报人说明,同时将举报信函或笔录移送有权处理的部门。对明显的治安违法行为或刑事违法行为,电力管理部门应主动协助公安、司法机关查处。

第十七条 符合下列条件之一的电力违法行为,电力管理部门应当立案:

1. 具有电力违法事实的;
2. 依照电力法规可能追究法律责任的;
3. 属于本部门管辖和职责范围内处理的。

第十八条 符合立案条件的,应填写《电力违法行为受理、立案呈批表》,经电力管理部门领导批准后立案。

经批准立案的事件,应及时指派承办人调查。现场调查时,调查承办人应填写《电力违法案件调查笔录》。调查结束后,承办人应提出《电力违法案件调查报告》。

第十九条 电力管理部门对危及电网运行安全或人身安全的违法行为,当供电企业在现场制止无效时,应当即指派供用电监督人员赶赴现场处理,制止违法行为,以确保电网和人身安全。

第二十条 案件调查结束后,应视案情可依法作出下列处理:

1. 对举报不实或证据不足,未构成违法事实的,应报请批准立案主管领导准予撤消;
2. 对违法事实清楚、证据确凿的,应依法作出行政处罚决定,并发出《违反电力法规行政处罚决定通知书》，并送达当事人。

3. 违法行为已构成犯罪的，应及时将案件移送司法机关，依法追究其刑事责任。

第二十一条 案件处理完毕后，承办人应及时填写《电力违法案件结案报告》，经主管领导批准后结案。案情重大或上级交办的案件结束后，应向上一级电力管理部门备案。

第二十二条 当事人对行政处罚决定不服的，可在接到《违反电力法规行政处罚决定通知书》之日起，十五日内向作出行政处罚决定机关的上一级机关申请复议；对复议决定不服的，可在接到复议决定之日起十五日内，向人民法院起诉。当事人也可在接到处罚决定通知书之日起的十五日内，直接向人民法院起诉。对不履行处罚决定的，由作出处罚决定的机关向人民法院申请强制执行。

第五章 行政处罚

第二十三条 违反《电力法》和国家有关规定，未取得《供电营业许可证》而从事电力供应业务者，电力管理部门应以书面形式责令其停止营业，没收其非法所得，并处以违法所得五倍以下的罚款。

第二十四条 违反《电力法》和国家有关规定，擅自伸入或跨越其他供电单位供电营业区供电者，电力管理部门应以书面形式责令其拆除深入或跨越的供电设施，作出书面检查，没收其非法所得，并处以违法所得四倍以下的罚款。

第二十五条 违反《电力法》和国家有关规定，擅自向外转供电者，电力管理部门应以书面形式责令其拆除转供电设施，作出书面检查，没收其非法所得，并处以违法所得三倍以下的罚款。

第二十六条 供电企业未按《电力法》和国家有关规定中规定的时间通知用户或进行公告，而对用户中断供电的，电力管理部门责令其改正，给予警告；情节严重的，对有关主管人员和直接责任人员给予行政处分。

第二十七条 供电企业违反规定，减少农业和农村用电指标的，电力管理部门责令改正；情况严重的，对有关主管人员和直接责任人员给予行政处分；造成损失的，责令赔偿损失。

第二十八条 电力管理部门对危害供电、用电安全，扰乱正常供电、用电秩序的行为，除协助供电企业追缴电费外，应分别给予下列处罚：

1. 擅自改变用电类别的，应责令其改正，给予警告；再次发生的，可下达中止供电命令，并处以一万元以下的罚款。

2. 擅自超过合同约定的容量用电的，应责令其改正，给予警告；拒绝改正的，可下达中止供电命令，并按私增容量每千瓦（或每千伏安）100元，累计总额不超过五万元的罚款。

3. 擅自超过计划分配的用电指标用电的，应责令其改正，给予警告，并按超用电力、电量分别处以每千瓦每次5元和每千瓦时10倍电度电价，累计总额不超过五万元的罚款；拒绝改正的，可下达中止供电命令。

4. 擅自使用已经在供电企业办理暂停使用手续的电力设备，或者擅自启用已经被供电企业查封的电力设备的，应责令其改正，给予警告；启用电力设备危及电网安全的，可下达中止供电命令，并处以每次二万元以下的罚款。

5. 擅自迁移、更动或者擅自操作供电企业的用电计量装置、电力负荷控制装置、供电设施以及约定由供电企业调度的用户受电设备，且不构成窃电和超指标用电的，应责令其改正，给予警告；造成他人损害的，还应责令其赔偿，危及电网安全的，可下达中止供电命令，并处以三万元以下的罚款。

6. 未经供电企业许可，擅自引入、供出电力或者将自备电源擅自并网的，应责令其改正，给予警告；拒绝改正的，可下达中止供电命令，并处以五万元以下的罚款。

第二十九条 电力管理部门对盗窃电能的行为，应责令其停止违法行为，并处以应交电费五倍以下的罚款；构成违反治安管理行为的，由公安机关依照治安管理处罚条例的有关规定予以处罚；构成犯罪的，依照刑法第一百五十一条或者第一百五十二条的规定追究刑事责任。

第六章 附 则

第三十条 本办法自一九九六年九月一日起施行。

城镇燃气管理条例

中华人民共和国国务院令

第 583 号

《城镇燃气管理条例》已经 2010 年 10 月 19 日国务院第 129 次常务会议通过,现予公布,自 2011 年 3 月 1 日起施行。

总理 温家宝

二〇一〇年十一月十九日

(2010 年 11 月 19 日中华人民共和国国务院令第 583 号公布;根据 2016 年 2 月 6 日中华人民共和国国务院令第 666 号公布的《国务院关于修改部分行政法规的决定》修改)

第一章 总 则

第一条 为了加强城镇燃气管理,保障燃气供应,防止和减少燃气安全事故,保障公民生命、财产安全和公共安全,维护燃气经营者和燃气用户的合法权益,促进燃气事业健康发展,制定本条例。

第二条 城镇燃气发展规划与应急保障、燃气经营与服务、燃气使用、燃气设施保护、燃气安全事故预防与处理及相关管理活动,适用本条例。

天然气、液化石油气的生产和进口,城市门站以外的天然气管道输送,燃气作为工业生产原料的使用,沼气、秸秆气的生产和使用,不适用本条例。

本条例所称燃气,是指作为燃料使用并符合一定要求的气体燃料,包括天然气(含煤层气)、液化石油气和人工煤气等。

第三条　燃气工作应当坚持统筹规划、保障安全、确保供应、规范服务、节能高效的原则。

第四条　县级以上人民政府应当加强对燃气工作的领导,并将燃气工作纳入国民经济和社会发展规划。

第五条　国务院建设主管部门负责全国的燃气管理工作。

县级以上地方人民政府燃气管理部门负责本行政区域内的燃气管理工作。

县级以上人民政府其他有关部门依照本条例和其他有关法律、法规的规定,在各自职责范围内负责有关燃气管理工作。

第六条　国家鼓励、支持燃气科学技术研究,推广使用安全、节能、高效、环保的燃气新技术、新工艺和新产品。

第七条　县级以上人民政府有关部门应当建立健全燃气安全监督管理制度,宣传普及燃气法律、法规和安全知识,提高全民的燃气安全意识。

第二章　燃气发展规划与应急保障

第八条　国务院建设主管部门应当会同国务院有关部门,依据国民经济和社会发展规划、土地利用总体规划、城乡规划以及能源规划,结合全国燃气资源总量平衡情况,组织编制全国燃气发展规划并组织实施。

县级以上地方人民政府燃气管理部门应当会同有关部门,依据国民经济和社会发展规划、土地利用总体规划、城乡规划、能源规划以及上一级燃气发展规划，组织编制本行政区域的燃气发展规划，报本级人民政府批准后组织实施，并报上一级人民政府燃气管理部门备案。

第九条　燃气发展规划的内容应当包括：燃气气源、燃气种类、燃气供应方式和规模、燃气设施布局和建设时序、燃气设施建设用地、燃气设施保护范围、燃气供应保障措施和安全保障措施等。

第十条　县级以上地方人民政府应当根据燃气发展规划的要求，加大对燃气设施建设的投入，并鼓励社会资金投资建设燃气设施。

第十一条　进行新区建设、旧区改造，应当按照城乡规划和燃气发展规划配套建设燃气设施或者预留燃气设施建设用地。

对燃气发展规划范围内的燃气设施建设工程，城乡规划主管部门在依法核发选址意见书时，应当就燃气设施建设是否符合燃气发展规划征求燃气管理部门的意见；不需要核发选址意见书的，城乡规划主管部门在依法核发建设用地规划许可证或者乡村建设规划许可证时，应当就燃气设施建设是否符合燃气发展规划征求燃气管理部门的意见。

燃气设施建设工程竣工后，建设单位应当依法组织竣工验收，并自竣工验收合格之日起15日内，将竣工验收情况报燃气管理部门备案。

第十二条　县级以上地方人民政府应当建立健全燃气应急储备制度，组织编制燃气应急预案，采取综合措施提高燃气应急保障能力。

燃气应急预案应当明确燃气应急气源和种类、应急供应方式、应急处置程序和应急救援措施等内容。

县级以上地方人民政府燃气管理部门应当会同有关部门对燃气供求状况实施监测、预测和预警。

第十三条　燃气供应严重短缺、供应中断等突发事件发生后，县级以上地方人民政府应当及时采取动用储备、紧急调度等应急措施，燃气经营者以及其他有关单位和个人应当予以配合，承担相关应急任务。

第三章 燃气经营与服务

第十四条 政府投资建设的燃气设施，应当通过招标投标方式选择燃气经营者。

社会资金投资建设的燃气设施，投资方可以自行经营，也可以另行选择燃气经营者。

第十五条 国家对燃气经营实行许可证制度。从事燃气经营活动的企业，应当具备下列条件：

（一）符合燃气发展规划要求；

（二）有符合国家标准的燃气气源和燃气设施；

（三）企业的主要负责人、安全生产管理人员以及运行、维护和抢修人员经专业培训并考核合格；

（四）法律、法规规定的其他条件。

符合前款规定条件的，由县级以上地方人民政府燃气管理部门核发燃气经营许可证。

申请人凭燃气经营许可证到工商行政管理部门依法办理登记手续。

第十六条 禁止个人从事管道燃气经营活动。

个人从事瓶装燃气经营活动的，应当遵守省、自治区、直辖市的有关规定。

第十七条 燃气经营者应当向燃气用户持续、稳定、安全供应符合国家质量标准的燃气，指导燃气用户安全用气、节约用气，并对燃气设施定期进行安全检查。

燃气经营者应当公示业务流程、服务承诺、收费标准和服务热线等信息，并按照国家燃气服务标准提供服务。

第十八条 燃气经营者不得有下列行为：

（一）拒绝向市政燃气管网覆盖范围内符合用气条件的单位或者个人供气；

（二）倒卖、抵押、出租、出借、转让、涂改燃气经营许可证；

（三）未履行必要告知义务擅自停止供气、调整供气量，或者未经审批擅自停业或者歇业；

（四）向未取得燃气经营许可证的单位或者个人提供用于经营的燃气；

（五）在不具备安全条件的场所储存燃气；

（六）要求燃气用户购买其指定的产品或者接受其提供的服务；

（七）擅自为非自有气瓶充装燃气；

（八）销售未经许可的充装单位充装的瓶装燃气或者销售充装单位擅自为非自有气瓶充装的瓶装燃气；

（九）冒用其他企业名称或者标识从事燃气经营、服务活动。

第十九条 管道燃气经营者对其供气范围内的市政燃气设施、建筑区划内业主专有部分以外的燃气设施，承担运行、维护、抢修和更新改造的责任。

管道燃气经营者应当按照供气、用气合同的约定，对单位燃气用户的燃气设施承担相应的管理责任。

第二十条 管道燃气经营者因施工、检修等原因需要临时调整供气量或者暂停供气的，应当将作业时间和影响区域提前48小时予以公告或者书面通知燃气用户，并按照有关规定及时恢复正常供气；因突发事件影响供气的，应当采取紧急措施并及时通知燃气用户。

燃气经营者停业、歇业的，应当事先对其供气范围内的燃气用户的正常用气作出妥善安排，并在90个工作日前向所在地燃气管理部门报告，经批准方可停业、歇业。

第二十一条 有下列情况之一的，燃气管理部门应当采取措施，保障燃气用户的正常用气：

（一）管道燃气经营者临时调整供气量或者暂停供气未及时恢复正常供气的；

（二）管道燃气经营者因突发事件影响供气未采取紧急措施的；

（三）燃气经营者擅自停业、歇业的；

（四）燃气管理部门依法撤回、撤销、注销、吊销燃气经营许可的。

第二十二条 燃气经营者应当建立健全燃气质量检测制度，确保所供应的燃气质量符合国家标准。

县级以上地方人民政府质量监督、工商行政管理、燃气管理等部门应当按照职责分工，依法加强对燃气质量的监督检查。

第二十三条 燃气销售价格，应当根据购气成本、经营成本和当地经济社会发展水平合理确定并适时调整。县级以上地方人民政府价格主管部门确定和调整管道燃气销售价格，应当征求管道燃气用户、管道燃气经营者和有关方面的意见。

第二十四条 通过道路、水路、铁路运输燃气的，应当遵守法律、行政法规有关危险货物运输安全的规定以及国务院交通运输部门、国务院铁路部门的有关规定；通过道路或者水路运输燃气的，还应当分别依照有关道路运输、水路运输的法律、行政法规的规定，取得危险货物道路运输许可或者危险货物水路运输许可。

第二十五条 燃气经营者应当对其从事瓶装燃气送气服务的人员和车辆加强管理，并承担相应的责任。

从事瓶装燃气充装活动，应当遵守法律、行政法规和国家标准有关气瓶充装的规定。

第二十六条 燃气经营者应当依法经营，诚实守信，接受社会公众的监督。燃气行业协会应当加强行业自律管理，促进燃气经营者提高服务质量和技术水平。

第四章　燃气使用

第二十七条 燃气用户应当遵守安全用气规则，使用合格的燃气燃烧器具和气瓶，及时更换国家明令淘汰或者使用年限已届满的燃气燃烧器具、连接管等，并按照约定期限支付燃气费用。

单位燃气用户还应当建立健全安全管理制度，加强对操作维护人员燃气安全知识和操作技能的培训。

第二十八条 燃气用户及相关单位和个人不得有下列行为：

（一）擅自操作公用燃气阀门；

（二）将燃气管道作为负重支架或者接地引线；

（三）安装、使用不符合气源要求的燃气燃烧器具；

（四）擅自安装、改装、拆除户内燃气设施和燃气计量；

（五）在不具备安全条件的场所使用、储存燃气；

（六）盗用燃气；

（七）改变燃气用途或者转供燃气。

第二十九条 燃气用户有权就燃气收费、服务等事项向燃气经营者进行查询，燃气经营者应当自收到查询申请之日起5个工作日内予以答复。

燃气用户有权就燃气收费、服务等事项向县级以上地方人民政府价格主管部门、燃气管理部门以及其他有关部门进行投诉，有关部门应当自收到投诉之日起15个工作日内予以处理。

第三十条 安装、改装、拆除户内燃气设施的，应当按照国家有关工程建设标准实施作业。

第三十一条 燃气管理部门应当向社会公布本行政区域内的燃气种类和气质成分等信息。

燃气燃烧器具生产单位应当在燃气燃烧器具上明确标识所适应的燃气种类。

第三十二条 燃气燃烧器具生产单位、销售单位应当设立或者委托设立售后服务站点，配备经考核合格的燃气燃烧器具安装、维修人员，负责售后的安装、维修服务。

燃气燃烧器具的安装、维修，应当符合国家有关标准。

第五章 燃气设施保护

第三十三条 县级以上地方人民政府燃气管理部门应当会同城乡

规划等有关部门按照国家有关标准和规定划定燃气设施保护范围，并向社会公布。在燃气设施保护范围内，禁止从事下列危及燃气设施安全的活动：

（一）建设占压地下燃气管线的建筑物、构筑物或者其他设施；

（二）进行爆破、取土等作业或者动用明火；

（三）倾倒、排放腐蚀性物质；

（四）放置易燃易爆危险物品或者种植深根植物；

（五）其他危及燃气设施安全的活动。

第三十四条 在燃气设施保护范围内，有关单位从事敷设管道、打桩、顶进、挖掘、钻探等可能影响燃气设施安全活动的，应当与燃气经营者共同制定燃气设施保护方案，并采取相应的安全保护措施。

第三十五条 燃气经营者应当按照国家有关工程建设标准和安全生产管理的规定，设置燃气设施防腐、绝缘、防雷、降压、隔离等保护装置和安全警示标志，定期进行巡查、检测、维修和维护，确保燃气设施的安全运行。

第三十六条 任何单位和个人不得侵占、毁损、擅自拆除或者移动燃气设施，不得毁损、覆盖、涂改、擅自拆除或者移动燃气设施安全警示标志。

任何单位和个人发现有可能危及燃气设施和安全警示标志的行为，有权予以劝阻、制止；经劝阻、制止无效的，应当立即告知燃气经营者或者向燃气管理部门、安全生产监督管理部门和公安机关报告。

第三十七条 新建、扩建、改建建设工程，不得影响燃气设施安全。

建设单位在开工前，应当查明建设工程施工范围内地下燃气管线的相关情况；燃气管理部门以及其他有关部门和单位应当及时提供相关资料。

建设工程施工范围内有地下燃气管线等重要燃气设施的，建设单位应当会同施工单位与管道燃气经营者共同制定燃气设施保护方案。建设单位、施工单位应当采取相应的安全保护措施，确保燃气设施运行安全；管道燃气经营者应当派专业人员进行现场指导。法律、法规另有规定的，依照有关法律、法规的规定执行。

第三十八条 燃气经营者改动市政燃气设施，应当制定改动方案，报县级以上地方人民政府燃气管理部门批准。

改动方案应当符合燃气发展规划，明确安全施工要求，有安全防护和保障正常用气的措施。

第六章 燃气安全事故预防与处理

第三十九条 燃气管理部门应当会同有关部门制定燃气安全事故应急预案，建立燃气事故统计分析制度，定期通报事故处理结果。

燃气经营者应当制定本单位燃气安全事故应急预案，配备应急人员和必要的应急装备、器材，并定期组织演练。

第四十条 任何单位和个人发现燃气安全事故或者燃气安全事故隐患等情况，应当立即告知燃气经营者，或者向燃气管理部门、公安机关消防机构等有关部门和单位报告。

第四十一条 燃气经营者应当建立健全燃气安全评估和风险管理体系，发现燃气安全事故隐患的，应当及时采取措施消除隐患。

燃气管理部门以及其他有关部门和单位应当根据各自职责，对燃气经营、燃气使用的安全状况等进行监督检查，发现燃气安全事故隐患的，应当通知燃气经营者、燃气用户及时采取措施消除隐患；不及时消除隐患可能严重威胁公共安全的，燃气管理部门以及其他有关部门和单位应当依法采取措施，及时组织消除隐患，有关单位和个人应当予以配合。

第四十二条 燃气安全事故发生后，燃气经营者应当立即启动本单位燃气安全事故应急预案，组织抢险、抢修。

燃气安全事故发生后，燃气管理部门、安全生产监督管理部门和公安机关消防机构等有关部门和单位，应当根据各自职责，立即采取措施防止事故扩大，根据有关情况启动燃气安全事故应急预案。

第四十三条 燃气安全事故经调查确定为责任事故的，应当查明原因、明确责任，并依法予以追究。

对燃气生产安全事故，依照有关生产安全事故报告和调查处理的法律、行政法规的规定报告和调查处理。

第七章 法律责任

第四十四条 违反本条例规定，县级以上地方人民政府及其燃气管理部门和其他有关部门，不依法作出行政许可决定或者办理批准文件的，发现违法行为或者接到对违法行为的举报不予查处的，或者有其他未依照本条例规定履行职责的行为的，对直接负责的主管人员和其他直接责任人员，依法给予处分；直接负责的主管人员和其他直接责任人员的行为构成犯罪的，依法追究刑事责任。

第四十五条 违反本条例规定，未取得燃气经营许可证从事燃气经营活动的，由燃气管理部门责令停止违法行为，处5万元以上50万元以下罚款；有违法所得的，没收违法所得；构成犯罪的，依法追究刑事责任。

违反本条例规定，燃气经营者不按照燃气经营许可证的规定从事燃气经营活动的，由燃气管理部门责令限期改正，处3万元以上20万元以下罚款；有违法所得的，没收违法所得；情节严重的，吊销燃气经营许可证；构成犯罪的，依法追究刑事责任。

第四十六条 违反本条例规定，燃气经营者有下列行为之一的，由燃气管理部门责令限期改正，处1万元以上10万元以下罚款；有违法所得的，没收违法所得；情节严重的，吊销燃气经营许可证；造成损失的，依法承担赔偿责任；构成犯罪的，依法追究刑事责任：

（一）拒绝向市政燃气管网覆盖范围内符合用气条件的单位或者个人供气的；

（二）倒卖、抵押、出租、出借、转让、涂改燃气经营许可证的；

（三）未履行必要告知义务擅自停止供气、调整供气量，或者未

经审批擅自停业或者歇业的;

（四）向未取得燃气经营许可证的单位或者个人提供用于经营的燃气的;

（五）在不具备安全条件的场所储存燃气的;

（六）要求燃气用户购买其指定的产品或者接受其提供的服务;

（七）燃气经营者未向燃气用户持续、稳定、安全供应符合国家质量标准的燃气，或者未对燃气用户的燃气设施定期进行安全检查。

第四十七条 违反本条例规定，擅自为非自有气瓶充装燃气或者销售未经许可的充装单位充装的瓶装燃气的，依照国家有关气瓶安全监察的规定进行处罚。违反本条例规定，销售充装单位擅自为非自有气瓶充装的瓶装燃气的，由燃气管理部门责令改正，可以处1万元以下罚款。

违反本条例规定，冒用其他企业名称或者标识从事燃气经营、服务活动，依照有关反不正当竞争的法律规定进行处罚。

第四十八条 违反本条例规定，燃气经营者未按照国家有关工程建设标准和安全生产管理的规定，设置燃气设施防腐、绝缘、防雷、降压、隔离等保护装置和安全警示标志的，或者未定期进行巡查、检测、维修和维护的，或者未采取措施及时消除燃气安全事故隐患的，由燃气管理部门责令限期改正，处1万元以上10万元以下罚款。

第四十九条 违反本条例规定，燃气用户及相关单位和个人有下列行为之一的，由燃气管理部门责令限期改正;逾期不改正的，对单位可以处10万元以下罚款，对个人可以处1000元以下罚款;造成损失的，依法承担赔偿责任;构成犯罪的，依法追究刑事责任:

（一）擅自操作公用燃气阀门的;

（二）将燃气管道作为负重支架或者接地引线的;

（三）安装、使用不符合气源要求的燃气燃烧器具的;

（四）擅自安装、改装、拆除户内燃气设施和燃气计量装置的;

（五）在不具备安全条件的场所使用、储存燃气的;

（六）改变燃气用途或者转供燃气的；

（七）未设立售后服务站点或者未配备经考核合格的燃气燃烧器具安装、维修人员的；

（八）燃气燃烧器具的安装、维修不符合国家有关标准的。

盗用燃气的，依照有关治安管理处罚的法律规定进行处罚。

第五十条 违反本条例规定，在燃气设施保护范围内从事下列活动之一的，由燃气管理部门责令停止违法行为，限期恢复原状或者采取其他补救措施，对单位处5万元以上10万元以下罚款，对个人处5000元以上5万元以下罚款；造成损失的，依法承担赔偿责任；构成犯罪的，依法追究刑事责任：

（一）进行爆破、取土等作业或者动用明火的；

（二）倾倒、排放腐蚀性物质的；

（三）放置易燃易爆物品或者种植深根植物的；

（四）未与燃气经营者共同制定燃气设施保护方案，采取相应的安全保护措施，从事敷设管道、打桩、顶进、挖掘、钻探等可能影响燃气设施安全活动的。违反本条例规定，在燃气设施保护范围内建设占压地下燃气管线的建筑物、构筑物或者其他设施的，依照有关城乡规划的法律、行政法规的规定进行处罚。

第五十一条 违反本条例规定，侵占、毁损、擅自拆除、移动燃气设施或者擅自改动市政燃气设施的，由燃气管理部门责令限期改正，恢复原状或者采取其他补救措施，对单位处5万元以上10万元以下罚款，对个人处5000元以上5万元以下罚款；造成损失的，依法承担赔偿责任；构成犯罪的，依法追究刑事责任。

违反本条例规定，毁损、覆盖、涂改、擅自拆除或者移动燃气设施安全警示标志的，由燃气管理部门责令限期改正，恢复原状，可以处5000元以下罚款。

第五十二条 违反本条例规定，建设工程施工范围内有地下燃气管线等重要燃气设施，建设单位未会同施工单位与管道燃气经营者共同制定燃气设施保护方案，或者建设单位、施工单位未采取相应的安全保护措施的，由燃气管理部门责令改正，处1万元以上10万元以下罚款；造成损失的，依法承担赔偿责任；构成犯罪的，依法追究刑事责任。

第八章 附 则

第五十三条 本条例下列用语的含义：

（一）燃气设施，是指人工煤气生产厂、燃气储配站、门站、气化站、混气站、加气站、灌装站、供应站、调压站、市政燃气管网等的总称，包括市政燃气设施、建筑区划内业主专有部分以外的燃气设施以及户内燃气设施等。

（二）燃气燃烧器具，是指以燃气为燃料的燃烧器具，包括居民家庭和商业用户所使用的燃气灶、热水器、沸水器、采暖器、空调器等器具。

第五十四条 农村的燃气管理参照本条例的规定执行。

第五十五条 本条例自2011年3月1日起施行。

附 录

中华人民共和国建设部燃气燃烧器具安装维修管理规定

中华人民共和国建设部令

第73号

《燃气燃烧器具安装维修管理规定》已于一九九九年十月十四日经第十六次部常务会议通过，现予发布，自二〇〇〇年三月一日起施行。

建设部部长

二〇〇〇年一月二十一日

第一章 总 则

第一条 为了加强燃气燃烧器具的安装、维修管理，维护燃气用户、燃气供应企业、燃气燃烧器具安装、维修企业的合法权益，提高安装、维修质量和服务水平，根据《中华人民共和国建筑法》及国家有关规定，制定本规定。

第二条 从事燃气燃烧器具安装、维修业务和实施对燃气燃烧器具安装维修的监督管理，应当遵守本规定。

第三条 本规定所称燃气燃烧器具是指家用的燃气热水器具、燃气开水器具、燃气灶具、燃气烘烤器具、燃气取暖器具、燃气制冷器具等。

第四条 燃气燃烧器具的安装、维修应当坚持保障使用安全、维护消费者合法权益的原则。

第五条 国务院建设行政主管部门负责全国燃气燃烧器具安装、维修的监督管理工作。

县级以上地方人民政府建设行政主管部门或者委托的燃气行业管理单位（以下简称燃气管理部门）负责本行政区域内燃气燃烧器具安装、维修的监督管理工作。

第六条 国家鼓励推广燃气燃烧器具及其安装维修的新技术、新设备、新工艺，淘汰落后的技术、设备、工艺。

第二章 从业资格

第七条 从事燃气燃烧器具安装、维修的企业应当具备下列条件：

（一）有与经营规模相适应的固定场所、通讯工具；

（二）有4名以上有工程、经济、会计等专业技术职称的人员，其中有工程系列职称的人员不少于2人；

（三）有与经营规模相适应的安装、维修作业人员；

（四）有必备的安装、维修的设备、工具和检测仪器；

（五）有完善的安全管理制度。

省、自治区、直辖市人民政府建设行政主管部门应当根据本地区的实际情况，制定燃气燃烧器具安装、维修企业的资质标准，其条件不得低于前款的规定。

第八条 从事燃气燃烧器具安装、维修的企业，应当经企业所在地设区的城市人民政府燃气管理部门审查批准（不设区的城市和县，由省、自治区人民政府建设行政主管部门确定审查批准机构），取得《燃气燃烧器具安装维修企业资质证书》（以下简称《资质证书》），并持《资质证书》到工商行政管理部门办理注册登记后，方可从事安装、维修业务。

燃气管理部门应当将取得《资质证书》的企业向省级人民政府建设行政主管部门备案，并接受其监督检查。

取得《资质证书》的安装、维修企业由燃气管理部门编制《燃气燃烧器具安装维修企业目录》，并通过媒体等形式向社会公布。

第九条 燃气管理部门应当对燃气燃烧器具安装、维修企业进行资质年检。

第十条 燃气燃烧器具安装、维修企业中直接从事安装、维修的作业人员，取得燃气管理部门颁发的《职业技能岗位证书》（以下简称《岗位证书》），方可从事燃气燃烧器具的安装、维修业务。

第十一条 从事燃气燃烧器具安装、维修的人员，有下列情况之一的，燃气管理部门应当收回其《岗位证书》：

（一）停止安装、维修业务一年以上的；

（二）违反标准、规范进行安装、维修的；

（三）欺诈用户，乱收费的。

第十二条 燃气燃烧器具安装、维修人员应当在一个单位执业，不得以个人名义承揽燃气燃烧器具安装、维修业务。

第十三条 《资质证书》和《岗位证书》的格式由国务院建设行政主管部门制定。

第十四条 任何单位和个人不得伪造、涂改、出租、借用、转让、出卖《资质证书》或者《岗位证书》。

第三章 安装维修

第十五条 燃气燃烧器具的安装、改装、迁移或者拆除，应当由持有《资质证书》的燃气燃烧器具安装企业进行。

第十六条 燃气燃烧器具安装企业受理用户安装申请时，不得限定用户购买本企业生产的或者其指定的燃气燃烧器具和相关产品。

第十七条 安装燃气燃烧器具应当按照国家有关的标准和规范进行，并使用符合国家有关标准的燃气燃烧器具安装材料和配件。

第十八条 对用户提供的不符合标准的燃气燃烧器具或者提出不符合安全的安装要求时，燃气燃烧器具安装企业应当拒绝安装。

第十九条 燃气燃烧器具安装企业应当在家用燃气计量表后安装

燃气燃烧器具，未经燃气供应企业同意，不得移动燃气计量表及表前设施。

第二十条 燃气燃烧器具安装完毕后，燃气燃烧器具安装企业应当进行检验。检验合格的，检验人员应当给用户出具合格证书。

合格证书应当包括燃气燃烧器具安装企业的名称、地址、电话、出具时间等内容，并盖有企业公章，检验人员应当在合格证书上签名。

第二十一条 未通气的管道燃气用户安装燃气燃烧器具后，还应当向燃气供应企业申请通气验收。通气验收合格后，方可通气使用。

通气验收不合格，确属安装质量问题的，原燃气燃烧器具安装企业应当免费重新安装。

第二十二条 燃气燃烧器具的安装应当设定保修期，保修期不得低于1年。

第二十三条 从事燃气燃烧器具维修的企业，应当是燃气燃烧器具生产企业设立的，或者是经燃气燃烧器具生产企业委托设立的燃气燃烧器具维修企业。

委托设立的燃气燃烧器具维修企业应当与燃气燃烧器具生产企业签订维修委托协议。

第二十四条 燃气燃烧器具维修企业接到用户报修后，应当在24小时内或者在与用户约定的时间内派人维修。

第二十五条 燃气燃烧器具的安装、维修企业对本企业所安装、维修的燃气燃烧器具负有指导用户安全使用的责任。

第二十六条 从事燃气燃烧器具安装、维修的企业，应当建立健全管理制度和规范化服务标准。

第二十七条 燃气燃烧器具的安装、维修企业，应当按照规定的标准向用户收取费用。

第二十八条 燃气燃烧器具安装、维修企业应当建立用户档案，定期向燃气管理部门报送相关报表。

第二十九条 任何单位和个人发现燃气事故后，应当立即切断气源，采取通风、防火等措施，并向有关部门报告。有关部门应当按照

《城市燃气安全管理规定》和《城市燃气管理办法》等规定对事故进行调查。确属燃气燃烧器具安装、维修原因的，应当按照有关规定对燃气燃烧器具安装、维修企业进行处理。

第四章　法律责任

第三十条　燃气燃烧器具安装、维修企业违反本规定，有下列行为之一的，由燃气管理部门吊销《资质证书》，并可处以1万元以上3万元以下罚款：

（一）伪造、涂改、出租、借用、转让或者出卖《资质证书》；

（二）年检不合格的企业，继续从事安装、维修业务；

（三）由于燃气燃烧器具安装、维修原因发生燃气事故；

（四）未经燃气供应企业同意，移动燃气计量表及表前设施。

燃气管理部门吊销燃气燃烧器具安装、维修企业《资质证书》后，应当提请工商行政管理部门吊销其营业执照。

第三十一条　燃气燃烧器具安装、维修企业违反本规定，有下列行为之一的，由燃气管理部门给予警告，并处以1万元以上3万元以下罚款：

（一）限定用户购买本企业生产的或者其指定的燃气燃烧器具和相关产品；

（二）聘用无《岗位证书》的人员从事安装、维修业务。

第三十二条　燃气燃烧器具安装、维修企业没有在规定的时间内或者与用户约定的时间安装、维修的，由燃气管理部门给予警告，并可处以3000元以下的罚款。

第三十三条　无《资质证书》的企业从事燃气燃烧器具安装、维修业务的，由燃气管理部门处以1万元以上3万元以下的罚款。

第三十四条　燃气燃烧器具安装、维修企业的安装、维修人员违反本规定，有下列行为之一的，由燃气管理部门给予警告、并处以5000元以下的罚款：

（一）无《岗位证书》，擅自从事燃气燃烧器具的安装、维修业务；

(二) 以个人名义承揽燃气燃烧器具的安装、维修业务。

第三十五条 由于燃气燃烧器具安装、维修的原因造成燃气事故的,燃气燃烧器具安装、维修企业应当承担相应的赔偿责任。

第三十六条 燃气管理部门工作人员严重失职、索贿受贿或者侵害企业合法权益的,给予行政处分;构成犯罪的,依法追究刑事责任。

第五章 附 则

第三十七条 本规定由国务院建设行政主管部门负责解释。

第三十八条 本规定自2000年3月1日起施行。

全国普法学习读本

消费与物业法律法规学习读本

消费者权益法律法规

叶浦芳 主编

加大全民普法力度,建设社会主义法治文化,树立宪法法律至上、法律面前人人平等的法治理念。

——中国共产党第十九次全国代表大会《决胜全面建成小康社会 夺取新时代中国特色社会主义伟大胜利》

汕头大学出版社

图书在版编目（CIP）数据

消费者权益法律法规／叶浦芳主编．－－汕头：汕头大学出版社，2023.4（重印）

（消费与物业法律法规学习读本）

ISBN 978-7-5658-3332-8

Ⅰ．①消… Ⅱ．①叶… Ⅲ．①消费者权益保护法－中国－学习参考资料 Ⅳ．①D922.294.4

中国版本图书馆 CIP 数据核字（2018）第 000700 号

消费者权益法律法规　XIAOFEIZHE QUANYI FALÜ FAGUI

主　　编：	叶浦芳
责任编辑：	汪艳蕾
责任技编：	黄东生
封面设计：	大华文苑
出版发行：	汕头大学出版社
	广东省汕头市大学路 243 号汕头大学校园内　邮政编码：515063
电　　话：	0754-82904613
印　　刷：	三河市元兴印务有限公司
开　　本：	690mm×960mm 1/16
印　　张：	18
字　　数：	226 千字
版　　次：	2018 年 1 月第 1 版
印　　次：	2023 年 4 月第 2 次印刷
定　　价：	59.60 元（全 2 册）

ISBN 978-7-5658-3332-8

版权所有，翻版必究

如发现印装质量问题，请与承印厂联系退换

前　言

习近平总书记指出："推进全民守法，必须着力增强全民法治观念。要坚持把全民普法和守法作为依法治国的长期基础性工作，采取有力措施加强法制宣传教育。要坚持法治教育从娃娃抓起，把法治教育纳入国民教育体系和精神文明创建内容，由易到难、循序渐进不断增强青少年的规则意识。要健全公民和组织守法信用记录，完善守法诚信褒奖机制和违法失信行为惩戒机制，形成守法光荣、违法可耻的社会氛围，使遵法守法成为全体人民共同追求和自觉行动。"

中共中央、国务院曾经转发了中央宣传部、司法部关于在公民中开展法治宣传教育的规划，并发出通知，要求各地区各部门结合实际认真贯彻执行。通知指出，全民普法和守法是依法治国的长期基础性工作。深入开展法治宣传教育，是全面建成小康社会和新农村的重要保障。

普法规划指出：各地区各部门要根据实际需要，从不同群体的特点出发，因地制宜开展有特色的法治宣传教育坚持集中法治宣传教育与经常性法治宣传教育相结合，深化法律进机关、进乡村、进社区、进学校、进企业、进单位的"法律六进"主题活动，完善工作标准，建立长效机制。

特别是农业、农村和农民问题，始终是关系党和人民事业发展的全局性和根本性问题。党中央、国务院发布的《关于推进社会主义新农村建设的若干意见》中明确提出要"加强农村法制建设，深入开展农村普法教育，增强农民的法制观念，提高农民依法行使权利和履行义务的自觉性。"多年普法实践证明，普及法律知识，提高法制观念，增强全社会依法办事意识具有重要作用。特别是在广大农村进行普法教育，是提高全民法律素质的需要。

多年来，我国在农村实行的改革开放取得了极大成功，农村发生了翻天覆地的变化，广大农民生活水平大大得到了提高。但是，由于历史和社会等原因，现阶段我国一些地区农民文化素质还不高，不学法、不懂法、不守法现象虽然较原来有所改变，但仍有相当一部分群众的法制观念仍很淡化，不懂、不愿借助法律来保护自身权益，这就极易受到不法的侵害，或极易进行违法犯罪活动，严重阻碍了全面建成小康社会和新农村步伐。

为此，根据党和政府的指示精神以及普法规划，特别是根据广大农村农民的现状，在有关部门和专家的指导下，特别编辑了这套《全国普法学习读本》。主要包括了广大人民群众应知应懂、实际实用的法律法规。为了辅导学习，附录还收入了相应法律法规的条例准则、实施细则、解读解答、案例分析等；同时为了突出法律法规的实际实用特点，兼顾地方性和特殊性，附录还收入了部分某些地方性法律法规以及非法律法规的政策文件、管理制度、应用表格等内容，拓展了本书的知识范围，使法律法规更"接地气"，便于读者学习掌握和实际应用。

在众多法律法规中，我们通过甄别，淘汰了废止的，精选了最新的、权威的和全面的。但有部分法律法规有些条款不适应当下情况了，却没有颁布新的，我们又不能擅自改动，只得保留原有条款，但附录却有相应的补充修改意见或通知等。众多法律法规根据不同内容和受众特点，经过归类组合，优化配套。整套普法读本非常全面系统，具有很强的学习性、实用性和指导性，非常适合用于广大农村和城乡普法学习教育与实践指导。总之，是全国全民普法的良好读本。

目 录

中华人民共和国消费者权益保护法

第一章　总　则 …………………………………………（2）
第二章　消费者的权利 …………………………………（2）
第三章　经营者的义务 …………………………………（4）
第四章　国家对消费者合法权益的保护 ………………（8）
第五章　消费者组织 ……………………………………（9）
第六章　争议的解决 ……………………………………（10）
第七章　法律责任 ………………………………………（12）
第八章　附　则 …………………………………………（16）
附　录
　　工商总局关于加强互联网领域消费者权益
　　　保护工作的意见 …………………………………（17）
　　国务院办公厅关于加强金融消费者权益保护工作的
　　　指导意见 …………………………………………（23）
　　工商总局关于完善消费环节经营者首问和赔偿
　　　先付制度切实保护消费者合法权益的意见 ……（29）
　　关于消费者权益的一些知识 ……………………（35）
　　消费者知情权责任分类介绍 ……………………（44）

损害消费者权益有关问题的处理

侵害消费者权益行为处罚办法 …………………………（49）

关于处理侵害消费者权益行为的若干规定 ……………（56）
邮政业消费者申诉处理办法 ……………………………（59）
工商行政管理部门处理消费者投诉办法 ………………（67）
保险消费投诉处理管理办法 ……………………………（74）
中国银监会关于完善银行业金融机构客户投诉处理机制
　　切实做好金融消费者保护工作的通知 ………………（88）
工商总局关于进一步强化监管加强重点领域消费
　　维权工作的通知 ………………………………………（92）

中华人民共和国价格法

第一章　总　　则 ………………………………………（99）
第二章　经营者的价格行为 ……………………………（101）
第三章　政府的定价行为 ………………………………（103）
第四章　价格总水平调控 ………………………………（105）
第五章　价格监督检查 …………………………………（106）
第六章　法律责任 ………………………………………（107）
第七章　附　　则 ………………………………………（108）
附　录
　中华人民共和国价格管理条例 ………………………（109）
　价格违法行为举报处理规定 …………………………（119）
　禁止价格欺诈行为的规定 ……………………………（124）
　网络交易价格举报管辖规定（试行）…………………（127）
　国家发展改革委关于进一步加强垄断行业价格
　　监管的意见 ……………………………………………（131）

中华人民共和国消费者权益保护法

中华人民共和国主席令
第七号

《全国人民代表大会常务委员会关于修改〈中华人民共和国消费者权益保护法〉的决定》已由中华人民共和国第十二届全国人民代表大会常务委员会第五次会议于2013年10月25日通过，现予公布，自2014年3月15日起施行。

中华人民共和国主席　习近平
2013年10月25日

（1993年10月31日八届全国人大常委会第4次会议通过；根据2009年8月27日第十一届全国人民代表大会常务委员会第十次会议《关于修改部分法律的决定》进行第一次修正；根据2013年10月25日十二届全国人大常委会第5次会议《关于修改〈中华人民共和国消费者权益保护法〉的决定》第二次修正）

第一章 总 则

第一条 为保护消费者的合法权益，维护社会经济秩序，促进社会主义市场经济健康发展，制定本法。

第二条 消费者为生活消费需要购买、使用商品或者接受服务，其权益受本法保护；本法未作规定的，受其他有关法律、法规保护。

第三条 经营者为消费者提供其生产、销售的商品或者提供服务，应当遵守本法；本法未作规定的，应当遵守其他有关法律、法规。

第四条 经营者与消费者进行交易，应当遵循自愿、平等、公平、诚实信用的原则。

第五条 国家保护消费者的合法权益不受侵害。

国家采取措施，保障消费者依法行使权利，维护消费者的合法权益。

国家倡导文明、健康、节约资源和保护环境的消费方式，反对浪费。

第六条 保护消费者的合法权益是全社会的共同责任。

国家鼓励、支持一切组织和个人对损害消费者合法权益的行为进行社会监督。

大众传播媒介应当做好维护消费者合法权益的宣传，对损害消费者合法权益的行为进行舆论监督。

第二章 消费者的权利

第七条 消费者在购买、使用商品和接受服务时享有人身、财产安全不受损害的权利。

消费者有权要求经营者提供的商品和服务,符合保障人身、财产安全的要求。

第八条 消费者享有知悉其购买、使用的商品或者接受的服务的真实情况的权利。

消费者有权根据商品或者服务的不同情况,要求经营者提供商品的价格、产地、生产者、用途、性能、规格、等级、主要成份、生产日期、有效期限、检验合格证明、使用方法说明书、售后服务,或者服务的内容、规格、费用等有关情况。

第九条 消费者享有自主选择商品或者服务的权利。

消费者有权自主选择提供商品或者服务的经营者,自主选择商品品种或者服务方式,自主决定购买或者不购买任何一种商品、接受或者不接受任何一项服务。

消费者在自主选择商品或者服务时,有权进行比较、鉴别和挑选。

第十条 消费者享有公平交易的权利。

消费者在购买商品或者接受服务时,有权获得质量保障、价格合理、计量正确等公平交易条件,有权拒绝经营者的强制交易行为。

第十一条 消费者因购买、使用商品或者接受服务受到人身、财产损害的,享有依法获得赔偿的权利。

第十二条 消费者享有依法成立维护自身合法权益的社会组织的权利。

第十三条 消费者享有获得有关消费和消费者权益保护方面的知识的权利。

消费者应当努力掌握所需商品或者服务的知识和使用技能,

正确使用商品，提高自我保护意识。

第十四条 消费者在购买、使用商品和接受服务时，享有人格尊严、民族风俗习惯得到尊重的权利，享有个人信息依法得到保护的权利。

第十五条 消费者享有对商品和服务以及保护消费者权益工作进行监督的权利。

消费者有权检举、控告侵害消费者权益的行为和国家机关及其工作人员在保护消费者权益工作中的违法失职行为，有权对保护消费者权益工作提出批评、建议。

第三章 经营者的义务

第十六条 经营者向消费者提供商品或者服务，应当依照本法和其他有关法律、法规的规定履行义务。

经营者和消费者有约定的，应当按照约定履行义务，但双方的约定不得违背法律、法规的规定。

经营者向消费者提供商品或者服务，应当恪守社会公德，诚信经营，保障消费者的合法权益；不得设定不公平、不合理的交易条件，不得强制交易。

第十七条 经营者应当听取消费者对其提供的商品或者服务的意见，接受消费者的监督。

第十八条 经营者应当保证其提供的商品或者服务符合保障人身、财产安全的要求。对可能危及人身、财产安全的商品和服务，应当向消费者作出真实的说明和明确的警示，并说明和标明正确使用商品或者接受服务的方法以及防止危害发生的方法。

宾馆、商场、餐馆、银行、机场、车站、港口、影剧院等经营场所的经营者，应当对消费者尽到安全保障义务。

第十九条 经营者发现其提供的商品或者服务存在缺陷，有危及人身、财产安全危险的，应当立即向有关行政部门报告和告知消费者，并采取停止销售、警示、召回、无害化处理、销毁、停止生产或者服务等措施。采取召回措施的，经营者应当承担消费者因商品被召回支出的必要费用。

第二十条 经营者向消费者提供有关商品或者服务的质量、性能、用途、有效期限等信息，应当真实、全面，不得作虚假或者引人误解的宣传。

经营者对消费者就其提供的商品或者服务的质量和使用方法等问题提出的询问，应当作出真实、明确的答复。

经营者提供商品或者服务应当明码标价。

第二十一条 经营者应当标明其真实名称和标记。

租赁他人柜台或者场地的经营者，应当标明其真实名称和标记。

第二十二条 经营者提供商品或者服务，应当按照国家有关规定或者商业惯例向消费者出具发票等购货凭证或者服务单据；消费者索要发票等购货凭证或者服务单据的，经营者必须出具。

第二十三条 经营者应当保证在正常使用商品或者接受服务的情况下其提供的商品或者服务应当具有的质量、性能、用途和有效期限；但消费者在购买该商品或者接受该服务前已经知道其存在瑕疵，且存在该瑕疵不违反法律强制性规定的除外。

经营者以广告、产品说明、实物样品或者其他方式表明商品或者服务的质量状况的，应当保证其提供的商品或者服务的实际质量与表明的质量状况相符。

经营者提供的机动车、计算机、电视机、电冰箱、空调器、洗衣机等耐用商品或者装饰装修等服务，消费者自接受商品或者服务之日起六个月内发现瑕疵，发生争议的，由经营者承担有关瑕疵的举证责任。

第二十四条　经营者提供的商品或者服务不符合质量要求的，消费者可以依照国家规定、当事人约定退货，或者要求经营者履行更换、修理等义务。没有国家规定和当事人约定的，消费者可以自收到商品之日起七日内退货；七日后符合法定解除合同条件的，消费者可以及时退货，不符合法定解除合同条件的，可以要求经营者履行更换、修理等义务。

依照前款规定进行退货、更换、修理的，经营者应当承担运输等必要费用。

第二十五条　经营者采用网络、电视、电话、邮购等方式销售商品，消费者有权自收到商品之日起七日内退货，且无需说明理由，但下列商品除外：

（一）消费者定作的；

（二）鲜活易腐的；

（三）在线下载或者消费者拆封的音像制品、计算机软件等数字化商品；

（四）交付的报纸、期刊。

除前款所列商品外，其他根据商品性质并经消费者在购买时确认不宜退货的商品，不适用无理由退货。

消费者退货的商品应当完好。经营者应当自收到退回商品之日起七日内返还消费者支付的商品价款。退回商品的运费由消费者承担；经营者和消费者另有约定的，按照约定。

第二十六条　经营者在经营活动中使用格式条款的，应当以显著方式提请消费者注意商品或者服务的数量和质量、价款或者费用、履行期限和方式、安全注意事项和风险警示、售后服务、民事责任等与消费者有重大利害关系的内容，并按照消费者的要求予以说明。

经营者不得以格式条款、通知、声明、店堂告示等方式，作出排除或者限制消费者权利、减轻或者免除经营者责任、加重消费者责任等对消费者不公平、不合理的规定，不得利用格式条款并借助技术手段强制交易。

格式条款、通知、声明、店堂告示等含有前款所列内容的，其内容无效。

第二十七条　经营者不得对消费者进行侮辱、诽谤，不得搜查消费者的身体及其携带的物品，不得侵犯消费者的人身自由。

第二十八条　采用网络、电视、电话、邮购等方式提供商品或者服务的经营者，以及提供证券、保险、银行等金融服务的经营者，应当向消费者提供经营地址、联系方式、商品或者服务的数量和质量、价款或者费用、履行期限和方式、安全注意事项和风险警示、售后服务、民事责任等信息。

第二十九条　经营者收集、使用消费者个人信息，应当遵循合法、正当、必要的原则，明示收集、使用信息的目的、方式和范围，并经消费者同意。经营者收集、使用消费者个人信息，应当公开其收集、使用规则，不得违反法律、法规的规定和双方的约定收集、使用信息。

经营者及其工作人员对收集的消费者个人信息必须严格保密，不得泄露、出售或者非法向他人提供。经营者应当采取技术措施和其他必要措施，确保信息安全，防止消费者个人信息泄露、丢失。在发生或者可能发生信息泄露、丢失的情况时，应当立即采取补救措施。

经营者未经消费者同意或者请求，或者消费者明确表示拒绝的，不得向其发送商业性信息。

第四章　国家对消费者合法权益的保护

第三十条　国家制定有关消费者权益的法律、法规、规章和强制性标准，应当听取消费者和消费者协会等组织的意见。

第三十一条　各级人民政府应当加强领导，组织、协调、督促有关行政部门做好保护消费者合法权益的工作，落实保护消费者合法权益的职责。

各级人民政府应当加强监督，预防危害消费者人身、财产安全行为的发生，及时制止危害消费者人身、财产安全的行为。

第三十二条　各级人民政府工商行政管理部门和其他有关行政部门应当依照法律、法规的规定，在各自的职责范围内，采取措施，保护消费者的合法权益。

有关行政部门应当听取消费者和消费者协会等组织对经营者交易行为、商品和服务质量问题的意见，及时调查处理。

第三十三条　有关行政部门在各自的职责范围内，应当定期或者不定期对经营者提供的商品和服务进行抽查检验，并及时向社会公布抽查检验结果。

有关行政部门发现并认定经营者提供的商品或者服务存在缺陷，有危及人身、财产安全危险的，应当立即责令经营者采取停止销售、警示、召回、无害化处理、销毁、停止生产或者服务等措施。

第三十四条　有关国家机关应当依照法律、法规的规定，惩处经营者在提供商品和服务中侵害消费者合法权益的违法犯罪行为。

第三十五条　人民法院应当采取措施，方便消费者提起诉讼。对符合《中华人民共和国民事诉讼法》起诉条件的消费者权益争议，必须受理，及时审理。

第五章　消费者组织

第三十六条　消费者协会和其他消费者组织是依法成立的对商品和服务进行社会监督的保护消费者合法权益的社会组织。

第三十七条　消费者协会履行下列公益性职责：

（一）向消费者提供消费信息和咨询服务，提高消费者维护自身合法权益的能力，引导文明、健康、节约资源和保护环境的消费方式；

（二）参与制定有关消费者权益的法律、法规、规章和强制性标准；

（三）参与有关行政部门对商品和服务的监督、检查；

（四）就有关消费者合法权益的问题，向有关部门反映、查询，提出建议；

（五）受理消费者的投诉，并对投诉事项进行调查、调解；

（六）投诉事项涉及商品和服务质量问题的，可以委托具备资格的鉴定人鉴定，鉴定人应当告知鉴定意见；

（七）就损害消费者合法权益的行为，支持受损害的消费者提起诉讼或者依照本法提起诉讼；

（八）对损害消费者合法权益的行为，通过大众传播媒介予以揭露、批评。

各级人民政府对消费者协会履行职责应当予以必要的经费等支持。

消费者协会应当认真履行保护消费者合法权益的职责，听取消费者的意见和建议，接受社会监督。

依法成立的其他消费者组织依照法律、法规及其章程的规定，开展保护消费者合法权益的活动。

第三十八条　消费者组织不得从事商品经营和营利性服务，不得以收取费用或者其他牟取利益的方式向消费者推荐商品和服务。

第六章　争议的解决

第三十九条　消费者和经营者发生消费者权益争议的，可以通过下列途径解决：

（一）与经营者协商和解；

（二）请求消费者协会或者依法成立的其他调解组织调解；

（三）向有关行政部门投诉；

（四）根据与经营者达成的仲裁协议提请仲裁机构仲裁；

（五）向人民法院提起诉讼。

第四十条　消费者在购买、使用商品时，其合法权益受到损害的，可以向销售者要求赔偿。销售者赔偿后，属于生产者的责任或者属于向销售者提供商品的其他销售者的责任的，销售者有权向生产者或者其他销售者追偿。

消费者或者其他受害人因商品缺陷造成人身、财产损害的，可以向销售者要求赔偿，也可以向生产者要求赔偿。属于生产者责任的，销售者赔偿后，有权向生产者追偿。属于销售者责任的，生产者赔偿后，有权向销售者追偿。

消费者在接受服务时，其合法权益受到损害的，可以向服务者要求赔偿。

第四十一条 消费者在购买、使用商品或者接受服务时，其合法权益受到损害，因原企业分立、合并的，可以向变更后承受其权利义务的企业要求赔偿。

第四十二条 使用他人营业执照的违法经营者提供商品或者服务，损害消费者合法权益的，消费者可以向其要求赔偿，也可以向营业执照的持有人要求赔偿。

第四十三条 消费者在展销会、租赁柜台购买商品或者接受服务，其合法权益受到损害的，可以向销售者或者服务者要求赔偿。展销会结束或者柜台租赁期满后，也可以向展销会的举办者、柜台的出租者要求赔偿。展销会的举办者、柜台的出租者赔偿后，有权向销售者或者服务者追偿。

第四十四条 消费者通过网络交易平台购买商品或者接受服务，其合法权益受到损害的，可以向销售者或者服务者要求赔偿。网络交易平台提供者不能提供销售者或者服务者的真实名称、地址和有效联系方式的，消费者也可以向网络交易平台提供者要求赔偿；网络交易平台提供者作出更有利于消费者的承诺的，应当履行承诺。网络交易平台提供者赔偿后，有权向销售者或者服务者追偿。

网络交易平台提供者明知或者应知销售者或者服务者利用其平台侵害消费者合法权益，未采取必要措施的，依法与该销售者或者服务者承担连带责任。

　　第四十五条　消费者因经营者利用虚假广告或者其他虚假宣传方式提供商品或者服务，其合法权益受到损害的，可以向经营者要求赔偿。广告经营者、发布者发布虚假广告的，消费者可以请求行政主管部门予以惩处。广告经营者、发布者不能提供经营者的真实名称、地址和有效联系方式的，应当承担赔偿责任。

　　广告经营者、发布者设计、制作、发布关系消费者生命健康商品或者服务的虚假广告，造成消费者损害的，应当与提供该商品或者服务的经营者承担连带责任。

　　社会团体或者其他组织、个人在关系消费者生命健康商品或者服务的虚假广告或者其他虚假宣传中向消费者推荐商品或者服务，造成消费者损害的，应当与提供该商品或者服务的经营者承担连带责任。

　　第四十六条　消费者向有关行政部门投诉的，该部门应当自收到投诉之日起七个工作日内，予以处理并告知消费者。

　　第四十七条　对侵害众多消费者合法权益的行为，中国消费者协会以及在省、自治区、直辖市设立的消费者协会，可以向人民法院提起诉讼。

第七章　法律责任

　　第四十八条　经营者提供商品或者服务有下列情形之一的，除本法另有规定外，应当依照其他有关法律、法规的规定，承担民事责任：

　　（一）商品或者服务存在缺陷的；

（二）不具备商品应当具备的使用性能而出售时未作说明的；

（三）不符合在商品或者其包装上注明采用的商品标准的；

（四）不符合商品说明、实物样品等方式表明的质量状况的；

（五）生产国家明令淘汰的商品或者销售失效、变质的商品的；

（六）销售的商品数量不足的；

（七）服务的内容和费用违反约定的；

（八）对消费者提出的修理、重作、更换、退货、补足商品数量、退还货款和服务费用或者赔偿损失的要求，故意拖延或者无理拒绝的；

（九）法律、法规规定的其他损害消费者权益的情形。

经营者对消费者未尽到安全保障义务，造成消费者损害的，应当承担侵权责任。

第四十九条　经营者提供商品或者服务，造成消费者或者其他受害人人身伤害的，应当赔偿医疗费、护理费、交通费等为治疗和康复支出的合理费用，以及因误工减少的收入。造成残疾的，还应当赔偿残疾生活辅助具费和残疾赔偿金。造成死亡的，还应当赔偿丧葬费和死亡赔偿金。

第五十条　经营者侵害消费者的人格尊严、侵犯消费者人身自由或者侵害消费者个人信息依法得到保护的权利的，应当停止侵害、恢复名誉、消除影响、赔礼道歉，并赔偿损失。

第五十一条　经营者有侮辱诽谤、搜查身体、侵犯人身自由等侵害消费者或者其他受害人人身权益的行为，造成严重精神损害的，受害人可以要求精神损害赔偿。

第五十二条 经营者提供商品或者服务，造成消费者财产损害的，应当依照法律规定或者当事人约定承担修理、重作、更换、退货、补足商品数量、退还货款和服务费用或者赔偿损失等民事责任。

第五十三条 经营者以预收款方式提供商品或者服务的，应当按照约定提供。未按照约定提供的，应当按照消费者的要求履行约定或者退回预付款；并应当承担预付款的利息、消费者必须支付的合理费用。

第五十四条 依法经有关行政部门认定为不合格的商品，消费者要求退货的，经营者应当负责退货。

第五十五条 经营者提供商品或者服务有欺诈行为的，应当按照消费者的要求增加赔偿其受到的损失，增加赔偿的金额为消费者购买商品的价款或者接受服务的费用的三倍；增加赔偿的金额不足五百元的，为五百元。法律另有规定的，依照其规定。

经营者明知商品或者服务存在缺陷，仍然向消费者提供，造成消费者或者其他受害人死亡或者健康严重损害的，受害人有权要求经营者依照本法第四十九条、第五十一条等法律规定赔偿损失，并有权要求所受损失二倍以下的惩罚性赔偿。

第五十六条 经营者有下列情形之一，除承担相应的民事责任外，其他有关法律、法规对处罚机关和处罚方式有规定的，依照法律、法规的规定执行；法律、法规未作规定的，由工商行政管理部门或者其他有关行政部门责令改正，可以根据情节单处或者并处警告、没收违法所得、处以违法所得一倍以上十倍以下的罚款，没有违法所得的，处以五十万元以下的罚款；情节严重的，责令停业整顿、吊销营业执照：

（一）提供的商品或者服务不符合保障人身、财产安全要求的；

（二）在商品中掺杂、掺假，以假充真，以次充好，或者以不合格商品冒充合格商品的；

（三）生产国家明令淘汰的商品或者销售失效、变质的商品的；

（四）伪造商品的产地，伪造或者冒用他人的厂名、厂址，篡改生产日期，伪造或者冒用认证标志等质量标志的；

（五）销售的商品应当检验、检疫而未检验、检疫或者伪造检验、检疫结果的；

（六）对商品或者服务作虚假或者引人误解的宣传的；

（七）拒绝或者拖延有关行政部门责令对缺陷商品或者服务采取停止销售、警示、召回、无害化处理、销毁、停止生产或者服务等措施的；

（八）对消费者提出的修理、重作、更换、退货、补足商品数量、退还货款和服务费用或者赔偿损失的要求，故意拖延或者无理拒绝的；

（九）侵害消费者人格尊严、侵犯消费者人身自由或者侵害消费者个人信息依法得到保护的权利的；

（十）法律、法规规定的对损害消费者权益应当予以处罚的其他情形。

经营者有前款规定情形的，除依照法律、法规规定予以处罚外，处罚机关应当记入信用档案，向社会公布。

第五十七条　经营者违反本法规定提供商品或者服务，侵害消费者合法权益，构成犯罪的，依法追究刑事责任。

第五十八条　经营者违反本法规定，应当承担民事赔偿责任和缴纳罚款、罚金,其财产不足以同时支付的,先承担民事赔偿责任。

第五十九条 经营者对行政处罚决定不服的,可以依法申请行政复议或者提起行政诉讼。

第六十条 以暴力、威胁等方法阻碍有关行政部门工作人员依法执行职务的,依法追究刑事责任;拒绝、阻碍有关行政部门工作人员依法执行职务,未使用暴力、威胁方法的,由公安机关依照《中华人民共和国治安管理处罚法》的规定处罚。

第六十一条 国家机关工作人员玩忽职守或者包庇经营者侵害消费者合法权益的行为的,由其所在单位或者上级机关给予行政处分;情节严重,构成犯罪的,依法追究刑事责任。

第八章 附 则

第六十二条 农民购买、使用直接用于农业生产的生产资料,参照本法执行。

第六十三条 本法自1994年1月1日起施行。

附 录

工商总局关于加强互联网领域
消费者权益保护工作的意见

工商消字〔2016〕204号

各省、自治区、直辖市及计划单列市、副省级市工商行政管理局、市场监督管理部门：

当前，以电子商务为主要内容的互联网经济发展迅猛，成为我国经济增长的强劲动力，对扩大消费、拉动经济增长发挥了不可替代的作用。但是，互联网领域侵害消费者合法权益问题也日益凸显，制约了互联网经济的健康发展和"互联网+"发展战略的实施。为进一步加强互联网领域消费者权益保护工作，总局决定用3年左右时间，开展网络消费维权重点领域监管执法，有效遏制互联网领域侵权假冒行为，进一步提升网络消费维权工作水平，促进网络经济在发展中逐步规范、在规范中健康有序发展。现提出以下意见：

一、坚持一体化监管，依法保护互联网领域消费者的合法权益。坚持线上线下融合发展，加强一体化监管，保护互联网领域消费者合法权益，既是工商和市场监管部门必须履行的法定职责，也是工商和市场监管部门在经济发展新常态下促进互联网经济健康持续发展的重要抓手。各级工商和市场监管部门要认真贯彻落实国务院的部署和总局的统一要求，把加强互联网领域消费者权益保护工作作为服务供给侧结构性改革、实现供给与需求两端发力的重要举措，加大《消费者权益保护法》《产品质量法》等法律法规及其配套规章的执法力度，针对互联网领域存在的侵害消费者合法权益的突出问题，严厉打击消费侵权违法行为，依法规范网络经营者的经营行为，及时解决消费纠纷，增强网络市场消费信心，切实营造安全放心的网络消费环境。

　　二、坚持突出重点，切实强化网络交易商品质量监管。充分利用消费者投诉举报以及网上日常监测、检查执法中发现的情况，深入排查网络商品交易中存在的质量问题，按照"双随机一公开"的要求，强化线上线下一体化监管，将网络商品质量抽检纳入各地的年度抽检计划，统筹安排。突出数码电子、家用电器、服装鞋帽、儿童用品、汽车配件等网购热销、消费者反映问题集中的重点商品，参考网络商品销量和综合排名等因素，科学确定网络抽检的经营主体范围和商品品种，有针对性地开展网络商品抽检。强化线上线下结合，同步推进商品质量抽检，抽检结果线上线下共同适用，运用大数据等现代化信息手段，实现高效抽查监管。对具有先验质量信息的情形，要大力推动《商品质量监督抽样检验程序 具有先验质量信息的情形》（GB/T28863—2012）在流通领域商品质量抽检中的运用，扩大抽检结果的适用范围，提升商品抽检的影响力。针对抽检发现的重点问题商品，集中时间、集中执法力量，有效开展专项整治，依法严查重处典型违法企业、违法行为。要发挥网络商品质量监测（杭州）中心的作用，加强对网络交易平台的重点监管，集中整治纵容假冒伪劣、不配合执法部门监管执法的网络交易平台提供者，切实净化网络市场环境。

三、坚持问题导向，严厉打击网络交易中侵害消费者权益的违法行为。强化网络消费侵权案件的查办工作，积极推进和规范"诉转案"，努力扩大案源并提升案件查办精准度，强化事后监管的有效性。依法查处网络商品质量违法案件，加大对网络商品经营者销售不合格商品违法行为的处罚力度，责令其立即停止销售，删除违法商品信息。涉及有危及人身、财产安全危险且不符合强制性标准的商品，同时要求有关的网络交易平台提供者立即屏蔽违法店铺或商品信息、停止提供对相关商品的交易平台服务。综合运用工商职能作用，严厉查处网络虚假违法广告、虚假宣传、商标侵权、传销和非法直销等网络交易违法行为以及网络虚假认证、刷单炒信等典型涉网消费欺诈行为，依法打击网购七日无理由退货、消费者个人信息保护、售后修理更换服务等方面存在的侵害消费者权益的违法行为。加强部门间、区域间的案件协办和联动执法，加大对跨区域纵容假冒伪劣、拒绝配合执法部门监管执法的网络交易平台经营者的查办力度，对重大典型案件挂牌督办、限时办结，对涉嫌犯罪的案件及时移送司法机关处理。针对信息服务、智能家居、个性时尚养老、健康等新兴消费领域，既要鼓励和支持消费结构升级和创新，又要及时发现和依法查处新兴消费领域的消费侵权行为，切实发挥新消费的引领和带动作用。

四、坚持改革创新，健全完善网络交易在线投诉及售后维权机制。通过理顺体制、创新机制、优化布局等措施，进一步创新和完善以12315行政监管体系为主导、经营者自律和社会监督体系为依托、信息化网络为支撑的多功能的12315体系。加强基层维权网络建设，支持和推动建立健全区域消费维权协作机制和电子商务消费者权益争议解决调处机制，着力提升消费维权工作效能。加快建设全国12315互联网平台，完善在线投诉和处置功能，形成电话与互联网并举的受理机制，引导消费者网上咨询、投诉、举报，实行网上接诉、网上分流、网上调解、网上回复、网上跟踪督办，实现消费者诉求处理流程透明化。深入推进12315"五进"工程，依托12315消费维权服务站推动网络市场的放心消费创建工作，引导有条件的网络交易平台提供者设立消费维权服务站，扩大"五进"覆盖面。积极推进总局电子商务12315投诉维权（杭州）中心建设，进一步畅通消费者诉求渠道，快速有效地处理跨区域网络消费纠纷。

　　五、坚持信息公开，推进网络经营者诚信自律体系建设。要健全和完善抽检结果信息公布制度，规范公布抽检结果的渠道和形式，利用各级工商、市场监管部门官网、各种媒体平台，依法及时向社会发布包含网络抽检在内的商品质量抽检结果信息，加强网络商品质量安全风险警示。推动消费侵权案件公示工作，依法通过国家企业信用信息公示系统公示行政处罚信息，对于网络经营企业因提供商品或者服务不符合保障人身、财产安全要求，造成人身伤害等严重侵害消费者权益的违法行为，两年内受到三次以上行政处罚的，要严格按照严重违法失信企业名单进行管理。推动部门间信用信息互联共享，实施失信联合惩戒，让违法企业及有关人员"一处违法、处处受限"。要积极推动企业投诉情况公开工作，扩大企业投诉情况公开试点。抓住节假日、集中促销等关键节点，依法查办并公布一批大案要案，特别要曝光一批销售不合格商品的网络商品经营者、质量管理责任缺失的第三方交易平台经营者。通过信息公开，倒逼网络商品经营者和网络交易平台健全和完善内部质量管控制度和措施，从根源上提升网络交易商品的质量水平。

六、坚持社会共治，构建互联网领域消费者权益保护的长效机制。充分发挥国务院消费者权益保护联席会议制度的作用，推动各有关单位在联席会议制度的框架下加强协作配合，协调解决消费者权益保护工作中的重要问题和重大消费事件。各地要积极推动本地区消费者权益保护工作的机制建设，整合消费维权社会资源，切实形成消费者权益保护的工作合力。探索建立跨境消费争议在线解决机制，协调解决跨境电子商务、"海淘"、社交电商等带来的消费纠纷。鼓励行业协会建立健全行业经营自律规范，引导行业企业遵守国家法律法规。督促网络经营者落实消费环节经营者首问和赔偿先付制度，主动和解消费纠纷。要求网络交易平台提供者建立和完善赔偿先付制度，提供快速解决消费纠纷的"绿色通道"。支持消协组织加强对网络交易商品和服务开展社会监督，持续开展消费体察、服务评议、调查点评活动，督促网络经营行业和经营者开展整改，针对网络市场中侵害众多消费者权益行为提起公益诉讼。

七、坚持教育引导，提高网络消费者自我保护的能力。加强大数据深度利用，进一步提升数据质量，推进与消协组织、有关部门及大型企业、主要网络交易平台的数据共享和整合，深入研究区域性的消费维权数据，形成有深度有指导作用的消费维权分析报告，及时向社会公布，引导改善消费环境。加强与主流新闻媒体、新兴网络媒体的合作与联系,利用"3·15"、"双十一"等重要时间节点,积极运用微博、微信等网络传播方式,加强对新《消费者权益保护法》及配套法规制度的宣传和解读,有针对性地向消费者普及有关网络消费的商品和服务知识,积极回应广大消费者网络消费中关切的热点问题,增强消费者维权意识,提高消费者自我保护的能力。

工商总局
2016 年 10 月 19 日

国务院办公厅关于加强金融消费者权益保护工作的指导意见

国办发〔2015〕81号

各省、自治区、直辖市人民政府，国务院各部委、各直属机构：

金融消费者是金融市场的重要参与者，也是金融业持续健康发展的推动者。加强金融消费者权益保护工作，是防范和化解金融风险的重要内容，对提升金融消费者信心、维护金融安全与稳定、促进社会公平正义和社会和谐具有积极意义。随着我国金融市场改革发展不断深化，金融产品与服务日趋丰富，在为金融消费者带来便利的同时，也存在提供金融产品与服务的行为不规范，金融消费纠纷频发，金融消费者权益保护意识不强、识别风险能力亟待提高等问题。为规范和引导金融机构提供金融产品和服务的行为，构建公平、公正的市场环境，加强金融消费者权益保护工作，经国务院同意，现提出如下意见：

一、指导思想

以党的十八大和十八届三中、四中、五中全会精神为指导，认真落实党中央、国务院决策部署，坚持市场化和法治化原则，坚持审慎监管与行为监管相结合，建立健全金融消费者权益保护监管机制和保障机制，规范金融机构行为，培育公平竞争和诚信的市场环境，切实保护金融消费者合法权益，防范和化解金融风险，促进金融业持续健康发展。

二、工作要求

（一）人民银行、银监会、证监会、保监会（以下统称金融管理部门）要按照职责分工，密切配合，切实做好金融消费者权益保护工作。金融管理部门和地方人民政府要加强合作，探索建立中央和地方人民政府金融消费者权益保护协调机制。

（二）银行业机构、证券业机构、保险业机构以及其他从事金融或与金融相关业务的机构（以下统称金融机构）应当遵循平等自愿、诚实守信等原则，充分尊重并自觉保障金融消费者的财产安全权、知情权、自主选择权、公平交易权、依法求偿权、受教育权、受尊重权、信息安全权等基本权利，依法、合规开展经营活动。

（三）金融领域相关社会组织应当发挥自身优势，积极参与金融消费者权益保护工作，协助金融消费者依法维权，推动金融知识普及，在金融消费者权益保护中发挥重要作用。

三、规范金融机构行为

（一）健全金融消费者权益保护机制

金融机构应当将保护金融消费者合法权益纳入公司治理、企业文化建设和经营发展战略中统筹规划，落实人员配备和经费预算，完善金融消费者权益保护工作机制。

（二）建立金融消费者适当性制度

金融机构应当对金融产品和服务的风险及专业复杂程度进行评估并实施分级动态管理，完善金融消费者风险偏好、风险认知和风险承受能力测评制度，将合适的金融产品和服务提供给适当的金融消费者。

（三）保障金融消费者财产安全权

金融机构应当依法保障金融消费者在购买金融产品和接受金融服务过程中的财产安全。金融机构应当审慎经营，采取严格的内控措施和科学的技术监控手段，严格区分机构自身资产与客户资产，不得挪用、占用客户资金。

（四）保障金融消费者知情权

金融机构应当以通俗易懂的语言，及时、真实、准确、全面地向金融消费者披露可能影响其决策的信息，充分提示风险，不得发布夸大产品收益、掩饰产品风险等欺诈信息，不得作虚假或引人误解的宣传。

（五）保障金融消费者自主选择权

金融机构应当在法律法规和监管规定允许范围内，充分尊重金融消费者意愿，由消费者自主选择、自行决定是否购买金融产品或接受金融服务，不得强买强卖，不得违背金融消费者意愿搭售产品和服务，不得附加其他不合理条件，不得采用引人误解的手段诱使金融消费者购买其他产品。

（六）保障金融消费者公平交易权

金融机构不得设置违反公平原则的交易条件，在格式合同中不得加重金融消费者责任、限制或者排除金融消费者合法权利，不得限制金融消费者寻求法律救济途径，不得减轻、免除本机构损害金融消费者合法权益应当承担的民事责任。

（七）保障金融消费者依法求偿权

金融机构应当切实履行金融消费者投诉处理主体责任，在机构内部建立多层级投诉处理机制，完善投诉处理程序，建立投诉办理情况查询系统，提高金融消费者投诉处理质量和效率，接受社会监督。

（八）保障金融消费者受教育权

金融机构应当进一步强化金融消费者教育，积极组织或参与金融知识普及活动，开展广泛、持续的日常性金融消费者教育，帮助金融消费者提高对金融产品和服务的认知能力及自我保护能力，提升金融消费者金融素养和诚实守信意识。

（九）保障金融消费者受尊重权

金融机构应当尊重金融消费者的人格尊严和民族风俗习惯，不得因金融消费者性别、年龄、种族、民族或国籍等不同进行歧视性差别对待。

（十）保障金融消费者信息安全权

金融机构应当采取有效措施加强对第三方合作机构的管理，明确双方权利义务关系，严格防控金融消费者信息泄露风险，保障金融消费者信息安全。

四、完善监督管理机制

（一）完善金融消费者权益保护法律法规和规章制度

金融管理部门要推动及时修订与金融消费者权益保护相关的行政法规，积极推进金融消费者权益保护相关立法的基础性工作，研究探索金融消费者权益保护特别立法；逐步建立完善金融消费者权益保护规章制度，明确监管目标、原则、标准、措施和程序，指导建立金融消费者权益保护业务标准。

（二）加强金融消费者权益保护监督管理

金融管理部门要促进审慎监管与行为监管形成合力，依法加强监督检查，及时查处侵害金融消费者合法权益的行为；创新非现场监管方式，合理运用评估等手段，进一步提高非现场监管有效性；建立健全金融消费者投诉处理机制，有效督办、处理金融消费者投诉案件；完善风险提示和信息披露机制，加强创新型金融产品风险识别、监测和预警，防范风险扩散，加大对非法金融活动的惩处力度，维护金融市场有序运行。

（三）健全金融消费者权益保护工作机制

金融管理部门要健全机构设置，强化责任落实和人员保障；

加强金融消费者权益保护协调机制建设,建立跨领域的金融消费者教育、金融消费争议处理和监管执法合作机制,加强信息共享,协调解决金融消费者权益保护领域的重大问题,形成监管合力;强化国际监管合作与交流,推动金融消费者权益跨境监管和保护。

(四)促进金融市场公平竞争

金融管理部门要有效运用市场约束手段防止金融机构不正当竞争行为,鼓励金融机构以提高客户满意度为中心开发更多适应金融消费者需要的金融产品和服务,提升服务水平,公平参与市场竞争。

五、建立健全保障机制

(一)提升金融消费者权益保护水平

有关部门和地方人民政府要在各自职责范围内积极支持和配合金融消费者权益保护工作,健全全方位、多领域的金融消费者权益保护工作保障机制,依法打击各类金融违法犯罪活动,有效保护金融消费者合法权益。

(二)建立重大突发事件协作机制

对于涉及金融消费者权益保护的重大突发事件,地方人民政府负责协调本行政区域内各方力量做好应急处置工作。金融管理部门要积极协同配合,协调相关金融机构做好应急响应及处置工作。

(三)建立金融知识普及长效机制

金融管理部门、金融机构、相关社会组织要加强研究,综合运用多种方式,推动金融消费者宣传教育工作深入开展。教育部要将金融知识普及教育纳入国民教育体系,切实提高国民金融素养。

(四) 建立金融消费纠纷多元化解决机制

金融管理部门、金融机构要建立和完善金融消费投诉处理机制，畅通投诉受理和处理渠道，建立金融消费纠纷第三方调解、仲裁机制，形成包括自行和解、外部调解、仲裁和诉讼在内的金融消费纠纷多元化解决机制，及时有效解决金融消费争议。

(五) 促进普惠金融发展

金融管理部门要根据国家发展普惠金融有关要求，扩大普惠金融覆盖面，提高渗透率。金融机构应当重视金融消费者需求的多元性与差异性，积极支持欠发达地区和低收入群体等获得必要、及时的基本金融产品和服务。

(六) 优化金融发展环境

建立以政府为主导、社会广泛参与的金融发展环境优化机制，加强社会信用体系建设，增强金融机构、金融消费者契约精神和信用意识，推动金融消费者权益保护环境评估工作，为保护金融消费者合法权益创造良好金融发展环境。

各地区、各有关部门要按照党中央、国务院决策部署，加强组织领导，注重沟通协调，强化组织和能力建设，在人力、财力、物力等方面给予充分支持。各有关部门要结合实际，抓紧研究制定具体实施办法，采取有效措施，切实承担起金融消费者权益保护监管职责，保护金融消费者合法权益，共同营造良好社会氛围，促进金融业持续健康发展，为实现全面建成小康社会的宏伟目标作出贡献。

国务院办公厅

2015 年 11 月 4 日

工商总局关于完善消费环节经营者首问和赔偿先付制度切实保护消费者合法权益的意见

工商消字〔2015〕36号

各省、自治区、直辖市及计划单列市、副省级市工商行政管理局、市场监督管理部门：

为落实《国务院关于促进市场公平竞争维护市场正常秩序的若干意见》（国发〔2014〕20号）要求，进一步加强市场监管，促进消费维权社会协同共治，营造公平竞争的市场环境和安全放心的消费环境，切实保护消费者合法权益，依据《消费者权益保护法》、《产品质量法》等法律法规规定，现就完善消费环节经营者首问和赔偿先付制度提出如下意见：

一、完善消费环节经营者首问制度，督促经营者切实履行消费维权第一责任人的责任

（一）消费环节经营者应当依法履行消费维权第一责任人的责任，依据"谁销售商品谁负责，谁提供服务谁负责"的原则，及时受理和依法处理消费者投诉，主动和解消费纠纷。

消费环节经营者首问制度，是指消费者因购买、使用商品或者接受服务导致合法权益受损时，可以向销售者或者服务者进行维权，该经营者必须依法承担首问责任，不得推诿。

（二）消费者通过网络交易平台购买商品或者接受服务导致合法权益受损的，可以直接向销售者或者服务者要求赔偿。网络交易平台经营者不能提供销售者或者服务者的真实名称、地

址和有效联系方式的，消费者可以向网络交易平台经营者要求赔偿。网络交易平台经营者作出更有利于消费者承诺的，应当履行承诺。网络交易平台赔偿后，依法向销售者或者服务者追偿。

（三）消费者在展销会、租赁柜台购买商品或者接受服务导致合法权益受损的，可以直接向销售者或者服务者要求赔偿。展销会结束或者柜台租赁期满后，可以向展销会的举办者、柜台的出租者要求赔偿；展销会的举办者、柜台的出租者赔偿后，依法向销售者或者服务者追偿。

（四）消费者或者其他受害人因商品缺陷造成人身、财产损害的，可以向销售者要求赔偿，也可以向生产者要求赔偿。消费者向销售者要求赔偿的，销售者不得推诿；销售者赔偿后，依法向生产者追偿。

（五）对于消费者维护权益的合理要求，经营者不得推诿，不得故意拖延处理或者无理拒绝。对于消费者和经营者双方自愿和解的，经营者应当及时履行和解协议；双方和解不成，消费者又向有关行政部门或者消费者保护组织投诉的，经营者应当积极配合调查处理。

（六）销售者、服务者等经营者要建立健全消费纠纷和解、消费侵权赔偿制度，设立专门部门或者指定专人负责处理消费者投诉，并应当在其经营场所的醒目位置或者以其他便于消费者知悉的方式，公开其处理消费纠纷相关程序。

二、鼓励和引导消费环节经营者建立赔偿先付制度，提高消费纠纷解决效率

（七）鼓励、引导有柜台或者场地出租的商场、超市，特别是具备一定规模的家具、建材、家电等大型商场（以下简称商

场)、摊位较多的集贸市场、批发市场(以下简称市场)、网络交易平台、电视购物平台(以下简称平台)等为销售者、服务者提供经营条件及相关服务的经营者,建立和完善赔偿先付制度。

消费环节赔偿先付制度,是指商场、市场和平台经营者与场所内的销售者或者服务者在双方自愿的基础上签订消费者投诉赔偿先付协议(条款),当出现侵害消费者合法权益的行为,而销售者或者服务者故意拖延处理或者无理拒绝赔付,以及因销售者或者服务者撤场等情况导致消费者无法获得赔偿时,由商场、市场和平台经营者向消费者进行先行赔付。商场、市场和平台经营者向消费者进行赔偿先付后,可以依法或者依约定向有关销售者、服务者进行追偿。

(八)已经建立赔偿先付制度的商场、市场和平台经营者要明确启动赔偿先付的条件、流程、方式、范围,完善赔偿先付程序,向广大消费者和商场、市场、平台内的销售者或者服务者进行公示,接受社会监督。

1. 启动赔偿先付制度应当具备以下基本条件:(1)消费者提供发票等购货凭证或者服务单据;(2)除适用《消费者权益保护法》第二十三条第三款规定的举证倒置情形外,由消费者证明其合法权益受到损害;(3)消费者主张维护自身合法权益的时效应当符合《消费者权益保护法》第二十四条的有关规定;(4)负有赔偿责任的销售者或者服务者存在故意拖延、无理拒绝或者因撤场等原因造成消费者难以索赔的情形。

2. 赔偿先付制度的一般流程为:(1)消费者认为自身合法权益受损时,可以直接向销售者或者服务者索赔;消费者对销售者或者服务者的处理结果不满意的,可以向商场、市场和平台经营者投诉；（2）商场、市场和平台经营者接到投诉后，应当及时安排专人处理，组织销售者或者服务者和消费者进行协商；（3）协商一致的，商场、市场和平台经营者要督促销售者或者服务者及时履行协议；（4）协商不能达成一致，经核实消费者投诉的销售者或者服务者确实存在过错的，商场、市场和平台经营者要按照建立的赔偿先付制度向消费者先行赔付。

3. 赔偿先付的方式主要包括对商品进行修理、重作、更换、退货、补足商品数量、退还购货款项和服务费用或者赔偿损失。

4. 赔偿先付的范围主要包括：因商品或者服务质量问题而引起的商品或者服务价值损失；消费合同中规定的违约金；因售后、安装等问题而给消费者引起的损失。

（九）商场、市场和平台经营者可以与场内销售者、服务者在平等协商的基础上，实施场内经营资质信用管理。即与场内销售者或者服务者签订合同（协议）时明确消费者权益保护条款，对多次被消费者投诉且拒不整改，或者多次被认定存在侵害消费者合法权益行为的销售者或者服务者，通过解除合同、不续签合同等方式终止其经营资格，以此为手段规范销售者、服务者的经营行为，营造诚信经营环境。

（十）鼓励、引导商场、市场和平台经营者根据自身经营特点，积极设立"消费维权服务站"，公示受理消费者投诉途径，并利用投诉服务电话、互联网以及移动互联通讯等多种方式，及时受理和处理消费者投诉。

消费者通过其他法定渠道维护自己权益的，商场、市场和平台经营者应当依据消费者的请求，及时提供相关销售者或者服务者的真实登记信息、交易信息等有关情况，积极协助消费者维护自身合法权益。

三、大力推进12315"五进"建设,将经营者首问和赔偿先付制度落到实处

(十一)完善消费环节经营者首问和赔偿先付制度是国发〔2014〕20号文件赋予工商行政管理部门的重要任务,是构建协同共治消费维权新机制、营造安全放心消费环境的重要举措。各地工商、市场监管部门要从完善市场监管体系、维护市场秩序、保护消费者合法权益的高度,采取切实有效措施,推动经营者首问和赔偿先付制度的落实。

(十二)各地工商、市场监管部门要将大力推进12315"五进"建设作为完善经营者首问和赔偿先付制度的重要抓手,积极推动商场、市场和平台经营者设立"消费维权服务站",督促其切实履行消费维权的社会责任,及时受理和处理消费者投诉。要根据经营主体的不同特点,综合考虑地区、行业和经营规模的差异,加强分类指导,督促经营者切实履行首问责任,鼓励和引导有条件的商场、市场和平台经营者建立赔偿先付制度,提高消费纠纷处理效率。

(十三)各地工商、市场监管部门要与辖区内的"消费维权服务站"建立健全日常联系机制,及时通报消费者投诉处理情况;加强对"消费维权服务站"工作人员的业务培训,提高其处理消费纠纷的能力。对于将消费者投诉通过"绿色通道"(维权直通车)转至被诉经营者和解处理的,要对处理结果进行跟踪督办;对消费者投诉相对集中或处理消费纠纷不力的经营者,要通过行政约谈、发送建议书等方式及时进行督促整改。要积极推进"诉转案"机制建设,对拒不履行首问责任的经营者,要依据《消费者权益保护法》、《产品质量法》以及《侵害消费者权益行为处罚办法》(工商总局令第73号)等法律法规和规

章予以处理;经营者因拒不履行首问责任而被工商、市场监管部门处罚的,要将其处罚信息通过企业信用信息公示系统及时向社会公布。

(十四)各地工商、市场监管部门要大力宣传消费维权政策法规,加强对经营者的教育引导。对积极处理消费纠纷和建立赔偿先付制度效果好的经营者,要发挥典型示范作用,联合有关政府部门、行业协会、新闻媒体等进行宣传表彰。有条件的地区可以探索将落实经营者首问责任和赔偿先付制度与"放心消费创建活动"、"建设星级信用市场"等活动相结合,引导经营者积极参与,共同营造安全放心的消费环境,更好地保护消费者合法权益。

工商总局
2015年3月4日

关于消费者权益的一些知识

(本文为参考资料)

一、消费者的基本权利

消费者有权要求经营者提供的商品和服务，符合保障人身、财产安全的要求。

消费者享有知悉其购买、使用的商品或者接受的服务的真实情况的权利。

消费者享有自主选择商品或者服务的权利。

消费者有权自主选择提供商品或者服务的经营者，自主选择商品品种或者服务方式，自主决定购买或者不购买任何一种商品、接受或者不接受任何一项服务。

消费者有权根据商品或者服务的不同情况，要求经营者提供商品的价格、产地、生产者、用途、性能、规格、等级、主要成份、生产日期、有效期限、检验合格证明、使用方法说明书、售后服务，或者服务的内容、规格、费用等有关情况。

消费者在购买商品或者接受服务时，有权获得质量保障、价格合理、计量正确等公平交易条件，有权拒绝经营者的强制交易行为。

消费者因购买、使用商品或者接受服务受到人身、财产损害的，享有依法获得赔偿的权利。

消费者在购买、使用商品和接受服务时，享有其人格尊严、民族风俗习惯得到尊重的权利。

消费者有权检举、控告侵害消费者权益的行为和国家机关及其工作人员在保护消费者权益工作中的违法失职行为,有权对保护消费者权益工作提出批评、建议。

二、经营者的义务

经营者应当保证其提供的商品或者服务符合保障人身、财产安全的要求。对可能危及人身、财产安全的商品和服务,应当向消费者作出真实的说明和明确的警示,并说明和标明正确使用商品或者接受服务的方法以及防止危害发生的方法。

经营者发现其提供的商品或者服务存在严重缺陷,即使正确使用商品或者接受服务仍然可能对人身、财产安全造成危害的,应当立即向有关行政部门报告和告知消费者,并采取防止危害发生的措施。

经营者对消费者就其提供的商品或者服务的质量和使用方法等问题提出的询问,应当作出真实、明确的答复。

经营者以广告、产品说明、实物样品或者其他方式表明商品或者服务的质量状况的,应当保证其提供的商品或者服务的实际质量与表明的质量状况相符。商店提供商品应当明码标价。

经营者应当标明其真实名称和标记。

租赁他人柜台或者场地的经营者,应当标明其真实名称和标记。

经营者提供商品或者服务,应当按照国家有关规定或者商业惯例向消费者出具购货凭证或者服务单据;消费者索要购货凭证或者服务单据的,经营者必须出具。

三、发生消费者权益争议的解决途径

消费者和经营者发生消费者权益争议的,可以通过下列途径解决:

(一) 与经营者协商和解;

（二）请求消费者协会调解；

（三）向有关行政部门申诉；

（四）根据与经营者达成的仲裁协议提请仲裁机构仲裁；

（五）向人民法院提起诉讼。

四、售出的产品不符合产品性能承担责任的主体及方式

售出的产品有下列情形之一的，销售者应当负责修理、更换、退货；给购买产品的消费者造成损失的，销售者应当赔偿损失：

（一）不具备产品应当具备的使用性能而事先未作说明的；

（二）不符合在产品或者其包装上注明采用的产品标准的；

（三）不符合以产品说明、实物样品等方式表明的质量状况的。

销售者依照前款规定负责修理、更换、退货、赔偿损失后，属于生产者的责任或者属于向销售者提供产品的其他销售者（以下简称供货者）的责任的，销售者有权向生产者、供货者追偿。

销售者未按照第一款规定给予修理、更换、退货或者赔偿损失的，由产品质量监督部门或者工商行政管理部门责令改正。

生产者之间，销售者之间，生产者与销售者之间订立的买卖合同、承揽合同有不同约定的，合同当事人按照合同约定执行。

五、消费者因产品缺陷使人身、财产造到损害索赔对象

因产品存在缺陷造成人身、他人财产损害的，受害人可以向产品的生产者要求赔偿，也可以向产品的销售者要求赔偿。属于产品的生产者的责任，产品的销售者赔偿的，产品的销售

者有权向产品的生产者追偿。属于产品的销售者的责任，产品的生产者赔偿的，产品的生产者有权向产品的销售者追偿。

由于销售者的过错使产品存在缺陷，造成人身、他人财产损害的，销售者应当承担赔偿责任。

销售者不能指明缺陷产品的生产者也不能指明缺陷产品的供货者的，销售者应当承担赔偿责任。

六、经营者的"三包"法定义务

对国家规定或者经营者与消费者约定包修、包换、包退的商品，经营者应当负责修理、更换或者退货。在保修期内两次修理仍不能正常使用的，经营者应当负责更换或者退货。对包修、包换、包退的大件商品，消费者要求经营者修理、更换、退货的，经营者应当承担运输等合理费用。

依法经有关行政部门认定为不合格的商品，消费者要求退货，经营者应当负责退货。

七、经营者不用承担责任的除外情形

经营者应当保证在正常使用商品或者接受服务的情况下其提供的商品或者服务应当具有的质量、性能、用途和有效期限；但消费者在购买该商品或者接受该服务前已经知道其存在瑕疵的除外。

八、经营者不得以格式合同、通知、声明、告示排除应承担责任

经营者不得以格式合同、通知、声明、店堂告示等方式作出对消费者不公平、不合理的规定，或者减轻、免除其损害消费者合法权益应当承担的民事责任。

格式合同、通知、声明、店堂告示等含有前款所列内容的，其内容无效。

九、使用他人营业执照的经营者损害消费者合法权益如何赔偿

使用他人营业执照的违法经营者提供商品或者服务，损害消费者合法权益的，消费者可以向其要求赔偿，也可以向营业执照的持有人要求赔偿。

十、消费者在展销会、租赁柜台合法权益受到侵害如何索赔

消费者在展销会、租赁柜台购买商品或者接受服务，其合法权益受到损害的，可以向销售者或者服务者要求赔偿。展销会结束或者柜台租赁期满后，也可以向展销会的举办者、柜台的出租者要求赔偿。展销会的举办者、柜台的出租者赔偿后，有权向销售者或者服务者追偿。

十一、经营者利用虚假广告侵害消费者权益如何赔偿

消费者因经营者利用虚假广告提供商品或者服务，其合法权益受到损害的，可以向经营者要求赔偿。广告的经营者发布虚假广告的，消费者可以请求行政主管部门予以惩处。广告的经营者不能提供经营者的真实名称、地址的，应当承担赔偿责任。

十二、经营者提供商品或者服务造成人身伤害所需承担的赔偿费用

因产品存在缺陷造成受害人人身伤害的，侵害人应当赔偿医疗费、治疗期间的护理费、因误工减少的收入等费用；造成残疾的，还应当支付残疾者生活自助具费、生活补助费、残疾赔偿金以及由其扶养的人所必需的生活费等费用；造成受害人死亡的，并应当支付丧葬费、死亡赔偿金以及由死者生前扶养的人所必需的生活费等费用。

因产品存在缺陷造成受害人财产损失的，侵害人应当恢复

原状或者折价赔偿。受害人因此遭受其他重大损失的,侵害人应当赔偿损失。

十三、经营者提供商品或者服务有欺诈行为应双倍赔偿损失

经营者提供商品或者服务有欺诈行为的,应当按照消费者的要求增加赔偿其受到的损失,增加赔偿的金额为消费者购买商品的价款或者接受服务的费用的一倍。

十四、生产者的免责条款

因产品存在缺陷造成人身、缺陷产品以外的其他财产(以下简称他人财产)损害的,生产者应当承担赔偿责任。

生产者能够证明有下列情形之一的,不承担赔偿责任:

(一)未将产品投入流通的;

(二)产品投入流通时,引起损害的缺陷尚不存在的;

(三)将产品投入流通时的科学技术水平尚不能发现缺陷的存在的。

十五、因产品存在缺陷造成损害的诉讼时效

因产品存在缺陷造成损害要求赔偿的诉讼时效期间为二年,自当事人知道或者应当知道其权益受到损害时起计算。在当事人不知道其权益受到损害的情况下,在造成损害的缺陷产品交付最初消费者满十年会丧失;但是,尚未超过明示的安全使用期的除外。

十六、出售质量不合格商品未声明的诉讼时效

根据《民法通则》第一百三十六条的规定,出售质量不合格的商品未声明的诉讼时效期间为一年。

十七、农产品给消费者造成损害的相关事项

生产、销售下列情形之一的农产品,给消费者造成损害的,生产者、销售者依法承担赔偿责任:

（一）含有国家禁止使用的农药、兽药或者其他化学物质的；

（二）农药、兽药等化学物质残留或者含有的重金属等有毒有害物质不符合农产品质量安全标准的；

（三）含有的致病性寄生虫、微生物或者生物毒素不符合农产品质量安全标准的；

（四）使用的保鲜剂、防腐剂、添加剂等材料不符合国家有关强制性的技术规范的；

（五）其他不符合农产品质量安全标准的。

农产品批发市场中销售的农产品有前款规定情形的，消费者可以向农产品批发市场要求赔偿；属于生产者、销售者责任的，农产品批发市场有权追偿。消费者也可以直接向农产品生产者、销售者要求赔偿。

十八、关于经营者进行不正当价格行为的表现方式及其所需承担的法律责任

经营者不得有下列不正当价格行为：

（一）相互串通，操纵市场价格，损害其他经营者或者消费者的合法权益；

（二）在依法降价处理鲜活商品、季节性商品、积压商品等商品外，为了排挤竞争对手或者独占市场，以低于成本的价格倾销，扰乱正常的生产经营秩序，损害国家利益或者其他经营者的合法权益；

（三）捏造、散布涨价信息，哄抬价格，推动商品价格过高上涨的；

（四）利用虚假的或者使人误解的价格手段，诱骗消费者或者其他经营者与其进行交易；

（五）提供相同商品或者服务，对具有同等交易条件的其他经营者实行价格歧视；

（六）采取抬高等级或者压低等级等手段收购、销售商品或者提供服务，变相提高或者压低价格；

（七）违反法律、法规的规定牟取暴利；

（八）法律、行政法规禁止的其他不正当价格行为。

经营者因价格违法行为致使消费者或者其他经营者多付价款的，应当退还多付部分；造成损害的，应当依法承担赔偿责任。

经营者违反明码标价规定的，责令改正，没收违法所得，可以并处五千元以下的罚款。

十九、直销企业的换货和退货制度

消费者自购买直销产品之日起 30 日内，产品未开封的，可以凭直销企业开具的发票或者售货凭证向直销企业及其分支机构、所在地的服务网点或者推销产品的直销员办理换货和退货；直销企业及其分支机构、所在地的服务网点和直销员应当自消费者提出换货或者退货要求之日起 7 日内，按照发票或者售货凭证标明的价款办理换货和退货。

直销员自购买直销产品之日起 30 日内，产品未开封的，可以凭直销企业开具的发票或者售货凭证向直销企业及其分支机构或者所在地的服务网点办理换货和退货；直销企业及其分支机构和所在地的服务网点应当自直销员提出换货或者退货要求之日起 7 日内，按照发票或者售货凭证标明的价款办理换货和退货。

不属于前两款规定情形，消费者、直销员要求换货和退货的，直销企业及其分支机构、所在地的服务网点和直销员应当依照有关法律法规的规定或者合同的约定,办理换货和退货。

二十、在直销中因换货或退货产生纠纷的举证责任及责任承担

直销企业与直销员、直销企业及其直销员与消费者因换货或者退货发生纠纷的,由前者承担举证责任。

直销企业对其直销员的直销行为承担连带责任,能够证明直销员的直销行为与本企业无关的除外。

消费者知情权责任分类介绍

(本文为参考资料)

按照侵权责任法的划分标准,消费者知情权侵权责任主要包括单独责任和共同责任两种,在共同责任中又可进一步分为共同侵权行为和视为共同侵权的行为;在消费者知情权共同侵权责任中按照责任形态又可划分为连带责任、按份责任两种。现将分类讨论:

一、单独责任

单独责任就是因单独侵权行为所承担的侵权责任的形态,换句话说,就是为自己的侵权行为负责。侵害消费者知情权的单独责任不难理解,主要以下几种:

(一)商家的单独责任

商家在出卖商品时违反《消费者权益保护法》中以诚实信用原则为核心的相关义务,故意或过失的误导、隐瞒所售商品品质,不论是否真正造成消费者误导,商家都要承担与过错相当的责任。

(二)媒体责任

媒体在报道相应商品制作、监管、销售、售后服务时要如实客观报道,不得隐瞒、夸大和带有主观推测性评判,媒体未尽到勤勉义务或其他原因造成信息误导的,应承担责任。

(三)政府责任

按照《产品质量法》第二十四条规定,政府应该定期抽检商品,并定期公之于众,如果政府玩忽职守,故意或过失造成信息虚假，误导消费者的，政府应该承担相应责任。

（四）相关组织

这里相关组织包括有关专家和品牌代言人，它们在推荐、评比、代言、宣传商品时，必须尽到最大诚信原则，如果妄自评判、昧心代言则要承担责任。

二、共同责任中的连带责任

在消费者知情权侵权责任中，侵害主体为两个以上的，权利人即享有多个请求权，侵害人对赔偿负有连带责任，其请求权基础是《民法通则》第一百三十条及其相关司法解释，主要包括以下几种类型：

（一）共同侵权行为

其主要特征是具有共同的故意或过失，在消费者知情权侵权中主要有以下几种：第一，商家与政府的寻租行为结合。主要表现为，商家贿赂政府规避定期质检，或使政府出具虚假材料公布于众误导消费者知情权；或者商家贿买政府授权的奖项，如"免检产品"等；或者有关消费者公共利益的重大讯息政府为商家隐瞒，采取地方保护主义。第二，商家和媒体结合。主要表现为，媒体与商家相互勾结发布虚假广告；或者在发生与消费者或公共利益重大影响的事件时，与商家勾结隐而不报；或者在采访调研中虚伪报道的；或者在各种评比活动中弄虚作假隐瞒真相的。第三，政府与商家、媒体的结合。最典型的是地方保护主义，商家出现问题时，政府联合媒体撑起保护伞。第四，其他组织与商家、媒体相勾结，主要表现为，地方消协或其他团体组织滥用社会信任和权力，通过贿买贿卖等手段处理相关产品荣誉的；或者明星代言和专家明知某商品广告不实而昧心代言宣传等。

(二) 共同危险行为

在侵权责任法上又称准共同侵权行为,与共同侵权行为不同之处在于责任确定上不能判明究竟谁是真正的加害人,在主观方面来看共同危险行为人表现为共同过失,即疏于注意义务。在归责原则上共同危险行为不能适用严格的过错责任,而适用过错推定责任,实行举证责任倒置,由共同危险行为人举证证明自己没有过失,否则不能免责。侵害消费者知情权的共同危险行为,主要是指多个侵害知情权的主体在共同过失的情形下实施消费者知情权,而且已经造成了损害结果,但不能判定谁是真正加害人。侵害消费者知情权的共同危险行为人承担连带责任,除非能证明自己没有过失。在实践中,侵害消费者知情权的行为往往由多个主体的共同行为所致,如果这些行为都存在故意,那么毫无疑问属于共同侵权,承担连带责任;如果有的侵害行为是故意行为,有的行为是过失行为,那么可以追究单独故意行为的责任;但如果这些侵害行为都是过失,那么就可以适用共同危险行为理论来保障消费者知情权。例如,某市消协在对某一品牌质检测试时发生疏漏,错误地公布了检测结果,同时被一家媒体转载公示,此时某一消费者误信检测结果,购买商品致损。此时该消费者既看到了消协的公告,又看到了媒体的公告,我们不能确定到底是哪一份公告侵害了他的知情权,此时法律推定消协和媒体为共同危险行为,承担连带责任。如果该媒体可以证明自己转载的消协公告属于"权威消息来源",属于新闻侵权免责事由,则可以证明自己不存在过失,因此免除责任,但是举证责任还是由该媒体主张。

(三) 视为共同侵权行为

是指数个侵权人虽无共同故意、共同过失,但其侵害行为直接结合发生同一损害后果,视为共同侵权行为。

对此杨立新教授认为,共同侵权行为的本质在于共同过错,因此只有具有共同过错的侵权行为才是共同侵权行为,而这种侵权行为按照高法司法解释按照共同侵权处理,因此将其认定为共同侵权行为。视为侵权行为主要特点在于数个行为的关联性,即直接结合。对两种不存在事先或事后同谋或共同过失的,单独存在都不会侵害消费者知情权,但是直接结合损害消费者知情权的行为,按照现有的司法解释,在责任形态上可以视为共同侵害消费者知情权,权利人有权请求侵害人承担连带责任。

三、共同责任中的按份责任

侵权法中的按份责任主要适用于无过错联系的共同致害行为。无过错联系的共同致害行为是指数个行为人事先既没有共同的意思联络,又没有共同过失,只是由于行为上的客观联系,而共同造成同一个损害结果。

这种情况下,应按照原因力比例或过失大小各自承担相应的责任。无过错联系的共同致害行为与视为共同侵权致害行为最大不同就是关联性的不同,申言之,前者的关联性是间接结合,后者是直接结合。在消费者知情权侵权类型中,此种无过错联系的共同致害比较普遍,主要包括以下几种类型:

第一,商家和媒体的无过错联系共同致害,比如商家编造虚假广告,媒体未经核实即广而告之;

第二,商家与政府的无过错联系共同致害,比如商家刻意隐瞒产品缺陷,政府基于地方保护主义或疏于检查没有及时公示告知消费者;

第三,其他组织与商家、政府的无过错联系共同致害结合，比如某消协虚报某品牌质量高上，政府不经核实擅自授予其"信得过"产品称号等。以上都是侵害消费者知情权的侵权行为，因为事先没有共谋，又无共同过失，两种以上的行为结合在一起，导致消费者知情权受到侵害，侵害人应根据各自过失程度和原因力比例来确定应承担的份额，如果难以确定，则适用公平原则考虑其经济承受能力适当分割份额来保障消费者的权利。

损害消费者权益有关问题的处理

侵害消费者权益行为处罚办法

国家工商行政管理总局令

第 73 号

《侵害消费者权益行为处罚办法》已经中华人民共和国国家工商行政管理总局局务会审议通过,现予公布,自 2015 年 3 月 15 日起施行。

国家工商行政管理总局

2015 年 1 月 5 日

第一条 为依法制止侵害消费者权益行为,保护消费者的合法权益,维护社会经济秩序,根据《消费者权益保护法》等法律法规,制定本办法。

第二条 工商行政管理部门依照《消费者权益保护法》等

法律法规和本办法的规定，保护消费者为生活消费需要购买、使用商品或者接受服务的权益，对经营者侵害消费者权益的行为实施行政处罚。

第三条 工商行政管理部门依法对侵害消费者权益行为实施行政处罚，应当依照公正、公开、及时的原则，坚持处罚与教育相结合，综合运用建议、约谈、示范等方式实施行政指导，督促和指导经营者履行法定义务。

第四条 经营者为消费者提供商品或者服务，应当遵循自愿、平等、公平、诚实信用的原则，依照《消费者权益保护法》等法律法规的规定和与消费者的约定履行义务，不得侵害消费者合法权益。

第五条 经营者提供商品或者服务不得有下列行为：

（一）销售的商品或者提供的服务不符合保障人身、财产安全要求；

（二）销售失效、变质的商品；

（三）销售伪造产地、伪造或者冒用他人的厂名、厂址、篡改生产日期的商品；

（四）销售伪造或者冒用认证标志等质量标志的商品；

（五）销售的商品或者提供的服务侵犯他人注册商标专用权；

（六）销售伪造或者冒用知名商品特有的名称、包装、装潢的商品；

（七）在销售的商品中掺杂、掺假，以假充真，以次充好，以不合格商品冒充合格商品；

（八）销售国家明令淘汰并停止销售的商品；

（九）提供商品或者服务中故意使用不合格的计量器具或者

破坏计量器具准确度；

（十）骗取消费者价款或者费用而不提供或者不按照约定提供商品或者服务。

第六条 经营者向消费者提供有关商品或者服务的信息应当真实、全面、准确，不得有下列虚假或者引人误解的宣传行为：

（一）不以真实名称和标记提供商品或者服务；

（二）以虚假或者引人误解的商品说明、商品标准、实物样品等方式销售商品或者服务；

（三）作虚假或者引人误解的现场说明和演示；

（四）采用虚构交易、虚标成交量、虚假评论或者雇佣他人等方式进行欺骗性销售诱导；

（五）以虚假的"清仓价"、"甩卖价"、"最低价"、"优惠价"或者其他欺骗性价格表示销售商品或者服务；

（六）以虚假的"有奖销售"、"还本销售"、"体验销售"等方式销售商品或者服务；

（七）谎称正品销售"处理品"、"残次品"、"等外品"等商品；

（八）夸大或隐瞒所提供的商品或者服务的数量、质量、性能等与消费者有重大利害关系的信息误导消费者；

（九）以其他虚假或者引人误解的宣传方式误导消费者。

第七条 经营者对工商行政管理部门责令其对提供的缺陷商品或者服务采取停止销售或者服务等措施，不得拒绝或者拖延。经营者未按照责令停止销售或者服务通知、公告要求采取措施的，视为拒绝或者拖延。

第八条 经营者提供商品或者服务，应当依照法律规定或者当事人约定承担修理、重作、更换、退货、补足商品数量、退还货款和服务费用或者赔偿损失等民事责任，不得故意拖延或者无理拒绝消费者的合法要求。经营者有下列情形之一并超过十五日的，视为故意拖延或者无理拒绝：

（一）经有关行政部门依法认定为不合格商品，自消费者提出退货要求之日起未退货的；

（二）自国家规定、当事人约定期满之日起或者不符合质量要求的自消费者提出要求之日起，无正当理由拒不履行修理、重作、更换、退货、补足商品数量、退还货款和服务费用或者赔偿损失等义务的。

第九条 经营者采用网络、电视、电话、邮购等方式销售商品，应当依照法律规定承担无理由退货义务，不得故意拖延或者无理拒绝。经营者有下列情形之一并超过十五日的，视为故意拖延或者无理拒绝：

（一）对于适用无理由退货的商品，自收到消费者退货要求之日起未办理退货手续的；

（二）未经消费者确认，以自行规定该商品不适用无理由退货为由拒绝退货的；

（三）以消费者已拆封、查验影响商品完好为由拒绝退货；

（四）自收到退回商品之日起无正当理由未返还消费者支付的商品价款。

第十条 经营者以预收款方式提供商品或者服务，应当与消费者明确约定商品或者服务的数量和质量、价款或者费用、履行期限和方式、安全注意事项和风险警示、售后服务、民事责任等内容。未按约定提供商品或者服务的，应当按照消费者的要求履行约定或者退回预付款，并应当承担预付款的利息、消费者必须支付的合理费用。对退款无约定的，按照有利于消费者的计算方式折算退款金额。

经营者对消费者提出的合理退款要求，明确表示不予退款，或者自约定期满之日起、无约定期限的自消费者提出退款要求之日起超过十五日未退款的，视为故意拖延或者无理拒绝。

第十一条 经营者收集、使用消费者个人信息，应当遵循合法、正当、必要的原则，明示收集、使用信息的目的、方式和范围，并经消费者同意。经营者不得有下列行为：

（一）未经消费者同意，收集、使用消费者个人信息；

（二）泄露、出售或者非法向他人提供所收集的消费者个人信息；

（三）未经消费者同意或者请求，或者消费者明确表示拒绝，向其发送商业性信息。

前款中的消费者个人信息是指经营者在提供商品或者服务活动中收集的消费者姓名、性别、职业、出生日期、身份证件号码、住址、联系方式、收入和财产状况、健康状况、消费情况等能够单独或者与其他信息结合识别消费者的信息。

第十二条 经营者向消费者提供商品或者服务使用格式条款、通知、声明、店堂告示等的，应当以显著方式提请消费者注意与消费者有重大利害关系的内容，并按照消费者的要求予以说明，不得作出含有下列内容的规定：

（一）免除或者部分免除经营者对其所提供的商品或者服务应当承担的修理、重作、更换、退货、补足商品数量、退还货款和服务费用、赔偿损失等责任；

（二）排除或者限制消费者提出修理、更换、退货、赔偿损失以及获得违约金和其他合理赔偿的权利；

（三）排除或者限制消费者依法投诉、举报、提起诉讼的权利；

（四）强制或者变相强制消费者购买和使用其提供的或者其指定的经营者提供的商品或者服务，对不接受其不合理条件的消费者拒绝提供相应商品或者服务，或者提高收费标准；

（五）规定经营者有权任意变更或者解除合同，限制消费者依法变更或者解除合同权利；

（六）规定经营者单方享有解释权或者最终解释权；

（七）其他对消费者不公平、不合理的规定。

第十三条 从事服务业的经营者不得有下列行为：

（一）从事为消费者提供修理、加工、安装、装饰装修等服务的经营者谎报用工用料，故意损坏、偷换零部件或材料，使用不符合国家质量标准或者与约定不相符的零部件或材料，更换不需要更换的零部件，或者偷工减料、加收费用，损害消费者权益的；

（二）从事房屋租赁、家政服务等中介服务的经营者提供虚假信息或者采取欺骗、恶意串通等手段损害消费者权益的。

第十四条 经营者有本办法第五条至第十一条规定的情形之一，其他法律、法规有规定的，依照法律、法规的规定执行；法律、法规未作规定的，由工商行政管理部门依照《消费者权益保护法》第五十六条予以处罚。

第十五条 经营者违反本办法第十二条、第十三条规定，其他法律、法规有规定的，依照法律、法规的规定执行；法律、法规未作规定的，由工商行政管理部门责令改正，可以单处或者并处警告，违法所得三倍以下、但最高不超过三万元的罚款，没有违法所得的，处以一万元以下的罚款。

第十六条 经营者有本办法第五条第（一）项至第（六）项规定行为之一且不能证明自己并非欺骗、误导消费者而实施此种行为的，属于欺诈行为。

经营者有本办法第五条第（七）项至第（十）项、第六条和第十三条规定行为之一的，属于欺诈行为。

第十七条 经营者对工商行政管理部门作出的行政处罚决定不服的，可以依法申请行政复议或者提起行政诉讼。

第十八条 侵害消费者权益违法行为涉嫌犯罪的，工商行政管理部门应当按照有关规定，移送司法机关追究其刑事责任。

第十九条 工商行政管理部门依照法律法规及本办法规定对经营者予以行政处罚的，应当记入经营者的信用档案，并通过企业信用信息公示系统等及时向社会公布。

企业应当依据《企业信息公示暂行条例》的规定，通过企业信用信息公示系统及时向社会公布相关行政处罚信息。

第二十条 工商行政管理执法人员玩忽职守或者包庇经营者侵害消费者合法权益的行为的，应当依法给予行政处分；涉嫌犯罪的，依法移送司法机关。

第二十一条 本办法由国家工商行政管理总局负责解释。

第二十二条 本办法自2015年3月15日起施行。1996年3月15日国家工商行政管理局发布的《欺诈消费者行为处罚办法》（国家工商行政管理局令第50号）同时废止。

关于处理侵害消费者权益行为的若干规定

关于印发《关于处理侵害消费者
权益行为的若干规定》的通知
工商消字〔2004〕第35号

各省、自治区、直辖市及计划单列市工商行政管理局：

今年是《消费者权益保护法》（以下简称《消法》）实施十周年。10年来，工商行政管理机关作为《消法》的主要行政执法机关，在保护消费者合法权益，维护社会经济秩序，促进社会主义市场经济健康发展等方面发挥了积极作用。为进一步强化保护消费者权益的行政执法力度，增强《消法》的可操作性，严格依法行政，依据《消法》等法律、法规的执法实践，拟定了《关于处理侵害消费者权益行为的若干规定》。现将《关于处理侵害消费者权益行为的若干规定》印发给你们，请遵照执行。

国家工商行政管理总局
二〇〇四年三月十二日

第一条　经营者提供商品或者服务，应当按照法律法规的规定、与消费者的约定或者向消费者作出的承诺履行义务。

经营者与消费者有约定或者经营者向消费者作出承诺的，约定或者承诺的内容有利于维护消费者合法权益并严于法律法规强制性规定的，按照约定或者承诺履行；约定或者承诺的内容不利于维护消费者合法权益并且不符合法律法规强制性规定的，按照法律法规的规定履行。

第二条 经营者发现其提供的商品或者服务存在严重缺陷，即使正确使用商品或者接受服务仍然可能对人身、财产安全造成危害的，应当立即停止销售尚未售出的商品或者停止提供服务，并报告工商行政管理等有关行政部门；对已经销售的商品或者已经提供的服务除报告工商行政管理等有关行政部门外，还应当及时通过公共媒体、店堂告示以及电话、传真、手机短信等有效方式告之消费者，并且收回该商品或者对已提供的服务采取相应的补救措施。

对经营者不履行前款规定的义务的行为，工商行政管理部门应当在职权范围内责令其改正，并在市场主体信用监管信息中予以记载。

第三条 经营者拟订的格式合同、通知、声明、店堂告示中不得含有下述对消费者不公平、不合理的内容：让消费者承担应当由经营者承担的义务；增加消费者的义务；排除、限制消费者依法变更、解除合同的权利；排除、限制消费者依法请求支付违约金、损害赔偿、提起诉讼等法定权利。

对经营者拟订的格式合同、通知、声明、店堂告示中含有上述内容的，以及减轻、免除其损害消费者合法权益应当承担的民事责任的行为，工商行政管理部门应当责令其改正，并在市场主体信用监管信息中予以记载。

第四条 消费者接受经营者提供的商品或者服务后，向经营者索要发票、收据、购货卡、服务卡、保修证等购货凭证或者服务单据的，经营者必须出具，并不得加收任何费用。

消费者索要发票的,经营者不得以收据、购货卡、服务卡、保修证等代替。有正当理由不能即时出具的,经营者应当按照与消费者协商的时间、地点送交或者约定消费者到指定地点索取。经营者约定消费者到指定地点索取的,应当向消费者支付合理的交通费用。

对经营者不履行前款规定的义务的行为,工商行政管理部门应当责令其改正,并在市场主体信用监管信息中予以记载。

第五条 经营者以邮购、电视直销、网上销售、电话销售等方式提供商品或者服务的,应当按照约定提供。未按照约定提供的,应当按照消费者的要求履行约定或者退回货款;并应当承担消费者为此必须支付的通讯费、不符合约定条件的商品退回的邮寄费等合理费用。

第六条 经营者提供商品或者服务,造成消费者人身、财产损害的,应当按照法律法规的规定、与消费者的约定或者向消费者作出的承诺,以修理、重作、更换、退货、补足商品数量、退还货款和服务费用或者赔偿损失等方式承担民事责任。

经营者在消费者有证据证明向其提出承担民事责任的合法要求之日起超过15日,并且两次以上没有正当理由拒不承担民事责任的,视为故意拖延或者无理拒绝。但经营者能够证明由于不可抗力的原因超过时限的除外。

对经营者故意拖延或者无理拒绝消费者合法要求的行为,由工商行政管理部门依照《消费者权益保护法》第五十条的规定处罚。

邮政业消费者申诉处理办法

国家邮政局关于印发
《邮政业消费者申诉处理办法》的通知
国邮发〔2014〕160号

各省、自治区、直辖市邮政管理局：

现将修订后的《邮政业消费者申诉处理办法》印发给你们，请认真遵照执行。

国家邮政局
2014年8月27日

第一章 总 则

第一条 为了维护邮政业消费者的合法权益，依法公正处理消费者申诉，促进邮政业服务质量提高，根据《中华人民共和国邮政法》等有关法律、法规，制定本办法。

第二条 消费者按照《中华人民共和国邮政法》第六十五条的规定对邮政企业和快递企业服务质量提出申诉，以及邮政业消费者申诉中心对申诉进行处理，适用本办法。

第三条 申诉处理应当以事实为依据，以法律为准绳，坚持合法、公正、合理的原则。

第四条 邮政业消费者申诉中心对消费者的申诉实行调解制度。

第五条 邮政业消费者申诉中心及其人员对履职过程中知悉的国家秘密、商业秘密负有保密义务。

第二章 受 理

第六条 邮政业消费者申诉专用电话为"12305"（省会区号—12305）。消费者可以通过电话或者登陆国家邮政局和各省、自治区、直辖市邮政管理局网站申诉，也可以采用微信、书信或者传真形式申诉。

消费者向市（地）邮政管理局提出申诉的方式，由各省、自治区、直辖市邮政管理局根据实际情况确定。

第七条 在受理消费者申诉的工作时间，邮政业消费者申诉中心应当有专人值守"12305"申诉电话，保证消费者申诉渠道畅通。

各级邮政管理部门应当在本单位门户网站公示受理消费者申诉的工作时间。如"12305"申诉电话因故暂停，还应当公示暂停原因、暂停时间和应急措施。

第八条 消费者申诉受理范围：

（一）邮政企业经营的邮政业务服务质量问题，具体包括：邮件（信件、包裹、印刷品）寄递，报刊订阅、零售、投递，邮政汇兑，集邮票品预订、销售，其他依托邮政网络办理的业务（不包括邮政储蓄）；

（二）经营快递业务企业的快递业务服务质量问题。

第九条 消费者申诉应当符合下列条件：

（一）申诉事项属于本办法第八条规定的消费者申诉受理范围；

（二）申诉人是与申诉事件有直接利害关系的当事人（寄件人或者收件人以及寄件人、收件人的委托人）；

（三）有明确的被申诉人和具体的事实根据；

（四）申诉事项向邮政企业、快递企业投诉后 7 日内未得到答复或者对企业处理和答复不满意，或者邮政企业、快递企业投诉渠道不畅通，投诉无人受理；

（五）未就同一事项向邮政管理部门进行过申诉，或者已申诉过的事项有新增内容；

（六）申诉事项发生于与邮政企业、快递企业产生服务争议或者交寄邮件、快件之日起一年之内；

（七）申诉事项未经人民法院、仲裁机构受理或者处理。

第十条 邮政业消费者申诉中心应当及时受理消费者申诉。消费者采取电话方式申诉，应当及时接听，并告知申诉人处理流程与时限。消费者采取网上、书信、传真形式申诉，应当于两个工作日内处理。

对于不符合申诉条件的申诉，应当告知申诉人不予受理的理由。对于符合申诉条件的申诉，受理后应当及时将申诉内容转被申诉企业或者相关部门处理。网上受理的申诉，转办同时回复申诉人申诉受理情况及处理时限。以书信、传真等形式受理的申诉，于七个工作日内告知申诉人受理情况。

第十一条 国家邮政局邮政业消费者申诉中心受理的申诉按照属地管理的原则转给相关省、自治区、直辖市邮政管理局邮政业消费者申诉中心办理。

第十二条 邮政业消费者申诉中心应当将消费者的举报、表扬、批评、建议等相关问题于两个工作日内转给相关部门处理。

第三章 处 理

第十三条 邮政业消费者申诉中心处理消费者申诉的主要依据包括：

（一）《中华人民共和国邮政法》《中华人民共和国合同法》《中华人民共和国消费者权益保护法》等有关邮政业的法律、法规、规章；

（二）邮政业国家标准、行业标准；

（三）邮政管理部门规范性文件；

（四）消费者与企业签订的书面合同（邮件详情单、快递运单）；

（五）企业对外公布的有关承诺。

第十四条　被申诉企业收到邮政业消费者申诉中心转办的申诉后应当按照以下情形妥善处理：

（一）对确认企业负有责任的申诉，应当依法赔偿消费者损失或者向消费者致歉；

（二）企业在处理收件人申诉中涉及赔偿问题应当赔偿寄件人的，由企业负责联系寄件人按规定理赔；

（三）对确认企业无责的申诉，应当将企业无责理由与申诉人沟通并解释；

（四）企业内部以及企业之间责任划分，由企业自行处理，不得相互推诿，不能影响消费者诉求的解决。

第十五条　被申诉企业应当按照如下要求，自收到转办申诉之日起十五日内向转办申诉的邮政业消费者申诉中心答复处理结果：

（一）答复内容应当包括调查结果、企业责任，与申诉人达成的处理意见、赔偿金额或者解释与道歉情况以及申诉人对处理意见是否满意等；

（三）经调查，认为对于申诉内容无需承担责任的，应当在答复时说明详细情况和无责理由，并提供运单底单、通话录音、视频等相关证据；

（四）消费者在同一申诉中提出多项诉求的，企业应当逐一答复处理情况；

（五）消费者申诉内容涉及企业新开办业务的，企业应当提供新开办业务的法律依据或者完整处理规则。

企业未按照申诉内容正面答复，或者未按规定提供无责证据的，视为企业同意申诉内容；企业未逐一答复消费者提出的多项诉求处理情况的，对企业未答复部分视为企业同意申诉内容。

企业收到转办申诉十五日内尚未处理完毕的，应当于到期日前一天向转办申诉的邮政业消费者申诉中心答复处理进展情况、与申诉人协商结果等。延期答复的，应当在到期日后五日内答复处理结果。

第十六条 全国网络型企业应当建立内部协调处理机制，当地企业不能确定责任单位的申诉，由当地企业转企业总部或者相关地区企业处理，企业内部处理完毕后，由首次接到转办申诉的企业将处理结果答复邮政业消费者申诉中心。

第十七条 邮政业消费者申诉中心收到企业对申诉处理结果的答复后，应当于三个工作日内回访消费者，核实企业处理情况并征询消费者对申诉处理是否满意。

第十八条 邮政业消费者申诉中心回访申诉人时，如申诉人提出新的申诉内容，作为新的申诉转企业处理。

第十九条 邮政业消费者申诉中心回访消费者后，符合下列条件的，可以作结案处理：

（一）企业的处理符合双方当事人的约定或者相关规定；

（二）企业的答复与回访消费者实际处理情况相符；

（三）企业责任单位明确。

回访消费者，初次联系无果的，应当隔四个小时后再次联系，仍无法联系的可作结案处理。

第二十条 邮政业消费者申诉中心回访消费者或者经过调查，有下列情形之一的，应当要求企业重新处理并于五日内重新答复处理结果：

（一）企业的处理不符合双方当事人的约定或者相关规定；

（二）消费者反映企业实际处理情况与企业答复不符；

（三）企业未确定责任单位或者相互推诿。

第二十一条 邮政业消费者申诉中心收到企业再次答复后应当再次回访消费者核实情况后结案。

第二十二条 同一申诉，转办企业处理三次后仍不符合结案条件则不再转办，邮政业消费者申诉中心根据申诉内容作结案处理。

第二十三条 邮政业消费者申诉中心应当自接到消费者申诉之日起三十日内向消费者作出答复。

第二十四条 企业对邮政业消费者申诉中心的申诉处理结果有异议时，应当于申诉结案之日起五日内向转办申诉的邮政业消费者申诉中心提出，如企业未在规定时间内提出视为企业无异议。

第四章 调 查

第二十五条 邮政业消费者申诉中心在处理申诉过程中可以向申诉人、被申诉人了解情况。经当事人同意，可以召集有关当事人进行调查。

第二十六条 调查人员可行使下列权利：

（一）向当事人和有关人员询问申诉情况；

（二）要求有关单位和个人提供相关材料和证明；

（三）查阅、复制与申诉内容有关的材料等。

第二十七条 调查时，调查人员不得少于两人，应当出示有效证件和有关证明，并制作调查笔录。

第二十八条 被调查人员应当如实回答调查人员的询问，必要时提供相关证据。

第二十九条 需要对有关邮（快）件、物品进行检测或者鉴定的，被申诉企业应当予以配合。

第三十条 调查人员依法公正地行使调查权，不得与申诉人、被申诉人及其他相关人员发生直接或者间接利益关系。

第五章 调 解

第三十一条 满足下列情形的，邮政业消费者申诉中心可以组织双方当事人进行调解：

（一）申诉事项属于本办法第八条规定的消费者申诉受理范围；

（二）申诉人与被申诉人已经就申诉事项进行协商，但未能和解的；

（三）申诉人与被申诉人同意由邮政业消费者申诉中心进行调解的。

第三十二条 邮政业消费者申诉中心就当事人所争议的事项进行调解，以电话或者网上调解为主。

第三十三条 邮政业消费者申诉中心调解无效的或者消费者对调解结果不满意的，争议双方可依法通过提起诉讼或者申请仲裁等方式解决纠纷。

第六章 监督管理

第三十四条 国家邮政局和各省、自治区、直辖市邮政管理局应当定期向社会通告邮政业消费者申诉情况。

第三十五条 邮政业消费者申诉中心应当督办企业及时妥善处理申诉。对于发生虚假答复、拒不按规定处理、逾期处理等问题的企业，邮政管理部门应当依法予以处罚。

第三十六条 根据消费者申诉情况，对存在下列情形的企业，邮政管理部门应当约谈相关企业负责人，责令企业限期整改并提交整改报告：

（一）持续三个月百万件快件有效申诉三十件以上且排名前三的；

（二）百万件快件有效申诉数量环比增加十件以上的；

（三）消费者对企业申诉处理结果满意率持续较低的；

（四）同一申诉邮政管理部门转办企业处理三次后仍不符合结案条件较多的；

（五）侵害消费者合法权益问题较多的；

（六）其他需要约谈的情形。

第三十七条 申诉事项反映企业有严重侵害消费者利益等违法行为，或者在申诉受理中发现的消费者申诉数量骤增等市场异常现象的，邮政业消费者申诉中心应当及时报告本级邮政管理部门相关内设监管机构。

第七章 附 则

第三十八条 本办法自2014年9月1日起施行。国家邮政局2011年6月24日发布的《邮政业消费者申诉处理办法》（国邮发〔2011〕116号）同时废止。

工商行政管理部门处理消费者投诉办法

国家工商行政管理总局令

第 62 号

《工商行政管理部门处理消费者投诉办法》已经中华人民共和国国家工商行政管理总局局务会审议通过,现予公布,自 2014 年 3 月 15 日起施行。

国家工商行政管理总局局长
2014 年 2 月 14 日

第一章 总 则

第一条 为了规范工商行政管理部门处理消费者投诉程序,及时处理消费者与经营者之间发生的消费者权益争议,保护消费者的合法权益,根据《消费者权益保护法》等法律法规,制定本办法。

第二条 消费者为生活消费需要购买、使用商品或者接受服务,与经营者发生消费者权益争议,向工商行政管理部门投诉的,依照本办法执行。

第三条 工商行政管理部门对受理的消费者投诉,应当根据事实,依照法律、法规和规章,公正合理地处理。

第四条 工商行政管理部门在其职权范围内受理的消费者投诉属于民事争议的,实行调解制度。

第五条 工商行政管理部门应当引导经营者加强自律,鼓励经营者与消费者协商和解消费纠纷。

第二章 管 辖

第六条 消费者投诉由经营者所在地或者经营行为发生地的县（市）、区工商行政管理部门管辖。

消费者因网络交易发生消费者权益争议的，可以向经营者所在地工商行政管理部门投诉，也可以向第三方交易平台所在地工商行政管理部门投诉。

第七条 县（市）、区工商行政管理部门负责处理本辖区内的消费者投诉。

有管辖权的工商行政管理部门可以授权其派出机构，处理派出机构辖区内的消费者投诉。

第八条 省、自治区、直辖市工商行政管理部门或者市（地、州）工商行政管理部门及其设立的12315消费者投诉举报中心，应当对收到的消费者投诉进行记录，并及时将投诉分送有管辖权的工商行政管理部门处理，同时告知消费者分送情况。告知记录应当留存备查。

有管辖权的工商行政管理部门应当将处理结果及时反馈上级部门及其设立的12315消费者投诉举报中心。

第九条 上级工商行政管理部门认为有必要的，可以处理下级工商行政管理部门管辖的消费者投诉。

下级工商行政管理部门管辖的消费者投诉，认为需要由上级工商行政管理部门处理的，可以报请上级工商行政管理部门决定。

两地以上工商行政管理部门因管辖权发生异议的，报请其共同的上一级工商行政管理部门指定管辖。

第十条 工商行政管理部门及其派出机构发现消费者投诉不属于工商行政管理部门职责范围内的，应当及时告知消费者向有关行政管理部门投诉。

第三章　处理程序

第十一条 消费者投诉应当符合下列条件：
（一）有明确的被投诉人；
（二）有具体的投诉请求、事实和理由；
（三）属于工商行政管理部门职责范围。

第十二条 消费者通过信函、传真、短信、电子邮件和12315网站投诉平台等形式投诉的，应当载明：消费者的姓名以及住址、电话号码等联系方式；被投诉人的名称、地址；投诉的要求、理由及相关的事实根据；投诉的日期等。

消费者采用电话、上门等形式投诉的，工商行政管理部门工作人员应当记录前款各项信息。

第十三条 消费者可以本人提出投诉，也可以委托他人代为提出。

消费者委托代理人进行投诉的，应当向工商行政管理部门提交本办法第十二条规定的投诉材料、授权委托书原件以及受托人的身份证明。授权委托书应当载明委托事项、权限和期限，并应当由消费者本人签名。

第十四条 消费者为二人以上，投诉共同标的的，工商行政管理部门认为可以合并受理，并经当事人同意的，为共同投诉。

共同投诉可以由消费者书面推选并授权二名代表进行投诉。代表人的投诉行为对其所代表的消费者发生效力，但代表人变更、放弃投诉请求，或者进行和解，应当经被代表的消费者同意。

第十五条 有管辖权的工商行政管理部门应当自收到消费者投诉之日起七个工作日内,予以处理并告知投诉人:

(一)符合规定的投诉予以受理,并告知投诉人;

(二)不符合规定的投诉不予受理,并告知投诉人不予受理的理由。

第十六条 下列投诉不予受理或者终止受理:

(一)不属于工商行政管理部门职责范围的;

(二)购买后商品超过保质期,被投诉人已不再负有违约责任的;

(三)已经工商行政管理部门组织调解的;

(四)消费者协会或者人民调解组织等其他组织已经调解或者正在处理的;

(五)法院、仲裁机构或者其他行政部门已经受理或者处理的;

(六)消费者知道或者应该知道自己的权益受到侵害超过一年的,或者消费者无法证实自己权益受到侵害的;

(七)不符合国家法律、法规及规章规定的。

第十七条 工商行政管理部门受理消费者投诉后,当事人同意调解的,工商行政管理部门应当组织调解,并告知当事人调解的时间、地点、调解人员等事项。

第十八条 调解由工商行政管理部门工作人员主持。经当事人同意,工商行政管理部门可以邀请有关社会组织以及专业人员参与调解。

第十九条 工商行政管理部门的调解人员是消费者权益争议当事人的近亲属或者与当事人有其他利害关系,可能影响投诉公正处理的,应当回避。

当事人对调解人员提出回避申请的，应当及时中止调解活动，并由调解人员所属工商行政管理部门的负责人作出是否回避的决定。

第二十条　工商行政管理部门实施调解，可以要求消费者权益争议当事人提供证据，必要时可以根据有关法律、法规和规章的规定，进行调查取证。

除法律、法规另有规定的，消费者权益争议当事人应当对自己的主张提供证据。

第二十一条　调解过程中需要进行鉴定或者检测的，经当事人协商一致，可以交由具备资格的鉴定人或者检测人进行鉴定、检测。

鉴定或者检测的费用由主张权利一方当事人先行垫付，也可以由双方当事人协商承担。法律、法规另有规定的除外。

第二十二条　工商行政管理部门在调解过程中，需要委托异地工商行政管理部门协助调查、取证的，应当出具书面委托证明，受委托的工商行政管理部门应当及时予以协助。

第二十三条　工商行政管理部门在调解过程中，应当充分听取消费者权益争议当事人的陈述，查清事实，依据有关法律、法规，针对不同情况提出争议解决意见。在当事人平等协商基础上，引导当事人自愿达成调解协议。

第二十四条　有下列情形之一的，终止调解：

（一）消费者撤回投诉的；

（二）当事人拒绝调解或者无正当理由不参加调解的；

（三）消费者在调解过程中就同一纠纷申请仲裁、提起诉讼的；

（四）双方当事人自行和解的；

（五）其他应当终止的。

第二十五条 工商行政管理部门组织消费者权益争议当事人进行调解达成协议的，应当制作调解书。

调解书应当由当事人及调解人员签名或者盖章，加盖工商行政管理部门印章，由当事人各执一份，工商行政管理部门留存一份归档。

第二十六条 消费者权益争议当事人认为无需制作调解书的，经当事人同意，调解协议可以采取口头形式，工商行政管理部门调解人员应当予以记录备查。

第二十七条 消费者权益争议当事人同时到有管辖权的工商行政管理部门请求处理的，工商行政管理部门可以当即处理，也可以另定日期处理。

工商行政管理部门派出机构可以在其辖区内巡回受理消费者投诉，并就地处理消费者权益争议。

第二十八条 经调解达成协议后，当事人认为有必要的，可以按照有关规定共同向人民法院申请司法确认。

第二十九条 有管辖权的工商行政管理部门应当在受理消费者投诉之日起六十日内终结调解；调解不成的应当终止调解。

需要进行鉴定或者检测的，鉴定或者检测的时间不计算在六十日内。

第三十条 工商行政管理部门工作人员在处理消费者投诉工作中滥用职权、玩忽职守、徇私舞弊的，依法给予处分。

第四章 附 则

第三十一条 农民购买、使用直接用于农业生产的生产资料的投诉，参照本办法执行。

第三十二条 对其他部门转来属于工商行政管理部门职责范围内的消费者投诉，按照本办法第七条或者第八条规定执行。

第三十三条 工商行政管理部门在处理消费者投诉中，发现经营者有违法行为的，或者消费者举报经营者违法行为的，依照《工商行政管理机关行政处罚程序规定》另案处理。

第三十四条 本办法中有关文书式样，由国家工商行政管理总局统一制定。

第三十五条 本办法由国家工商行政管理总局负责解释。

第三十六条 本办法自2014年3月15日起施行。1996年3月15日原国家工商行政管理局第51号令公布的《工商行政管理机关受理消费者申诉暂行办法》和1997年3月15日原国家工商行政管理局第75号令公布的《工商行政管理所处理消费者申诉实施办法》同时废止。

保险消费投诉处理管理办法

中国保险监督管理委员会令
2013 年第 8 号

《保险消费投诉处理管理办法》已经 2013 年 6 月 5 日中国保险监督管理委员会主席办公会审议通过，现予公布，自 2013 年 11 月 1 日起施行。

中国保险监督管理委员会主席
2013 年 7 月 1 日

第一章 总 则

第一条 为了规范保险消费投诉处理工作，保护保险消费者合法权益，根据《中华人民共和国保险法》等法律、行政法规，制定本办法。

第二条 本办法所称保险消费投诉，包括保险消费者向保险机构、保险中介机构提出保险消费投诉和保险消费者向中国保险监督管理委员会（以下简称"中国保监会"）及其派出机构提出保险消费投诉。

保险消费者向保险机构、保险中介机构提出保险消费投诉，是指保险消费者在保险消费活动中与保险机构、保险中介机构、保险从业人员发生争议，向相关保险机构、保险中介机构反映情况，要求解决争议的行为。

保险消费者向中国保监会及其派出机构提出保险消费投诉，

是指保险消费者认为在保险消费活动中，因保险机构、保险中介机构、保险从业人员存在违反有关保险监管的法律、行政法规和中国保监会规定的情形，使其合法权益受到损害，向中国保监会及其派出机构反映情况，申请其履行法定监管职责的行为。

第三条　保险消费投诉处理工作应当坚持依法、公平、公正、便民的原则，提高办事效率，切实保护保险消费者的合法权益。

第四条　中国保监会保险消费者权益保护局是全国保险消费投诉处理工作的管理部门，对全国保险消费投诉处理工作进行监督管理。

中国保监会派出机构应当明确保险消费投诉处理工作的管理部门，对辖区内保险消费投诉处理工作进行监督管理。

第五条　保险机构、保险中介机构应当设立或者指定本单位保险消费投诉处理工作的管理部门和工作岗位，配备工作人员，负责对本单位保险消费投诉的办理、统计、分析、管理工作。

保险公司及其省级分公司、保险专业代理公司、保险经纪公司、保险公估机构应当指定本单位分管保险消费投诉处理工作的高级管理人员为保险消费投诉处理工作责任人。

第六条　保险公司、保险专业代理公司、保险经纪公司、保险公估机构应当加强对分支机构保险消费投诉处理工作的管理、指导和考核，协调和支持分支机构妥善处理各类保险消费投诉。

第七条　保险行业协会应当建立保险消费投诉处理机制，积极协调、督促会员保险机构和保险中介机构及时处理保险消费投诉。

第八条 中国保监会派出机构应当指导辖区内建立健全保险纠纷调处机制,并监督其规范运行。

保险行业协会应当加强行业自律,协调、督促会员保险机构和保险中介机构通过协商和调解的方式解决保险消费投诉,做好保险纠纷调解机构的建设和管理工作,促进保险纠纷调处机制正常运行。

保险公司、保险专业代理公司、保险经纪公司、保险公估机构应当指导并支持分支机构参加当地保险纠纷调处机制,与保险消费者协商解决保险消费争议。

保险纠纷调处机制具体办法由中国保监会另行制定。

第二章 职责分工

第九条 保险机构负责处理保险消费者提出的下列投诉:

(一)因保险合同条款与本单位发生争议的;

(二)因保险销售、承保、退保、保全、赔付等业务与本单位发生争议的;

(三)因保险消费活动与本单位发生其他争议的。

第十条 保险中介机构负责处理保险消费者因保险中介服务与本单位发生争议提出的投诉。

保险消费者向保险机构提出保险消费投诉的,为其提供保险中介服务的保险中介机构可以协助其反映情况或者为其提供相关便利条件,促进保险消费投诉顺利解决。

第十一条 中国保监会负责处理保险消费者提出的下列投诉:

(一)保险公司违反有关保险监管的法律、行政法规和中国保监会规定,损害保险消费者合法权益,依法应当由中国保监会负责处理的；

（二）保险从业人员违反有关保险监管的法律、行政法规和中国保监会规定，损害保险消费者合法权益，依法应当由中国保监会负责处理的；

（三）其他依法应当由中国保监会负责处理的情形。

第十二条 中国保监会派出机构负责处理保险消费者提出的下列投诉：

（一）辖区内保险公司分支机构、保险中介机构违反有关保险监管的法律、行政法规和中国保监会规定，损害保险消费者合法权益，依法应当由中国保监会派出机构负责处理的；

（二）辖区内保险从业人员违反有关保险监管的法律、行政法规和中国保监会规定，损害保险消费者合法权益，依法应当由中国保监会派出机构负责处理的；

（三）其他依法应当由中国保监会派出机构负责处理的情形。

第三章　保险消费投诉处理

第一节　保险消费投诉的提出

第十三条 保险消费者提出保险消费投诉，可以采取邮寄、传真、电子邮件等方式，也可以采取电话、面谈等方式。

采取邮寄、传真、电子邮件方式提出保险消费投诉的，保险消费者应当将投诉材料发送至该投诉处理单位指定的通讯地址、传真号码、电子邮箱。

采取电话方式提出保险消费投诉的，保险消费者应当拨打该投诉处理单位指定的电话号码。

采取面谈方式提出保险消费投诉的,保险消费者应当在该投诉处理单位指定的接待场所提出。5名以上保险消费者拟采取面谈方式共同提出保险消费投诉的,应当推选1到2名代表。

第十四条 保险消费投诉应当由保险消费者本人提出,并应当提供以下材料:

(一)投诉人的基本情况,包括:公民的姓名、有效证件号码、联系电话、联系地址、邮政编码;法人或者其他组织的名称、住所、邮政编码和法定代表人或者主要负责人的姓名、职务;

(二)被投诉人的基本情况,包括:被投诉的保险机构或者保险中介机构的名称;被投诉的保险从业人员的相关情况以及其所属保险机构或者保险中介机构的名称;

(三)投诉请求、主要事实和理由,以及相关事实的证明材料。

第十五条 保险消费者本人提出保险消费投诉确有困难的,可以委托他人代为提出,但应当向投诉处理单位提交本办法第十四条规定的投诉材料、授权委托书原件以及受托人的身份证明。授权委托书应当载明委托事项、权限和期限,并应当由保险消费者本人亲笔签名。

第十六条 采取电子邮件方式提出保险消费投诉的,可以同时提交书面材料;投诉处理工作人员也可以视情况要求投诉人提供相关证明材料。

采取面谈方式提出保险消费投诉的,可以同时提交本办法第十四条规定的书面材料,或者填写相关投诉材料表格。投诉人书写确有困难的,可以由投诉处理工作人员记录投诉人和被投诉人基本情况、投诉请求、主要事实和理由,并由投诉人签字确认。投诉处理工作人员也可以视情况要求投诉人提供相关证明材料。

采取电话方式提出保险消费投诉的，投诉处理工作人员应当记录投诉人和被投诉人基本情况、投诉请求、主要事实和理由，并可以视情况要求投诉人提供相关证明材料。

投诉人提交的书面材料应当由投诉人亲笔签名。法人和其他组织提出保险消费投诉的，投诉材料应当加盖本单位印章。

第十七条 保险消费投诉处理工作管理部门应当对收到的保险消费投诉进行登记，投诉材料不完整的，应当自收到材料之日起5个工作日内通知投诉人补充提供。

保险消费者向保险机构、保险中介机构提出保险消费投诉的，保险机构、保险中介机构已经掌握或者可以通过有关信息档案获得的材料，不得再要求投诉人补充提供。

第十八条 保险消费者提出保险消费投诉，应当客观真实，对其所提供材料内容的真实性负责，不得提供虚假信息或者捏造、歪曲事实，不得诬告、陷害他人。

保险消费者在保险消费投诉过程中应当遵守法律、行政法规和国家有关规定，维护社会公共秩序和投诉处理单位的办公秩序。

第二节 保险消费投诉受理

第十九条 保险消费投诉处理工作管理部门是所在单位受理保险消费投诉的工作机构。

第二十条 保险消费投诉处理工作管理部门收到完整投诉材料后，应当及时进行审查，并根据下列情况分别作出处理：

（一）依照本办法规定，属于本单位负责处理的保险消费投诉，予以受理；

（二）属于本办法规定的保险消费投诉，但是不属于本单位负责处理的，不予受理，并可以转相关单位处理；

（三）不属于本办法规定的保险消费投诉，但是应当由本单位其他部门负责处理的，转相关部门依照有关规定处理；

（四）不属于本办法规定的保险消费投诉，且不属于本单位其他部门负责处理的，不予受理；

（五）有本办法第二十一条第一款规定情形之一的，不予受理。

第二十一条　保险消费投诉具有下列情形之一的，投诉处理工作管理部门不予受理：

（一）投诉不是由保险消费者本人或者保险消费者的受托人提出的；

（二）本单位已经受理投诉，保险消费者在处理期限内没有新的事实和理由再次提出同一投诉的；

（三）本单位已经作出投诉处理决定，保险消费者没有新的事实和理由再次提出同一投诉的。

保险消费者在处理期限内再次提出同一投诉，但有新的事实和理由需要查证的，投诉处理工作管理部门可以合并处理，处理期限自收到新的投诉材料之日起重新计算。

第二十二条　保险消费投诉处理工作管理部门应当自收到完整投诉材料之日起10个工作日内，告知投诉人是否受理，不予受理的，应当说明理由。

第三节　保险消费投诉处理决定

第二十三条　保险机构、保险中介机构对受理的保险消费投诉应当及时组织调查核实，根据投诉请求的不同情形，分别作出下列处理决定：

（一）符合法律、行政法规、国家有关规定以及保险合同约定的，应当依法依约履行义务；

（二）不符合法律、行政法规、国家有关规定以及保险合同约定的，应当对投诉人做好解释工作；

（三）法律、行政法规、国家有关规定未作出明确规定以及保险合同约定不明确的，应当按照公平合理的原则与投诉人协商；

（四）保险消费投诉不是由保险消费者本人或者保险消费者的受托人提出的，终止保险消费投诉处理，并告知投诉人；

（五）处理决定作出前，投诉人撤回保险消费投诉的，终止保险消费投诉处理，并告知投诉人。

第二十四条 保险机构、保险中介机构受理保险消费投诉后，应当区别情况，在下列期限内作出处理决定：

（一）对于事实清楚、争议情况简单的保险消费投诉，应当自受理之日起10个工作日内作出处理决定；

（二）对于第（一）项规定情形以外的保险消费投诉，应当自受理之日起30日内作出处理决定。情况复杂的，经本单位保险消费投诉处理工作责任人批准，可以延长处理期限，但延长期限不得超过30日，并告知投诉人延长期限的理由。

第二十五条 处理决定作出之日起5个工作日内，保险机构、保险中介机构应当告知投诉人。告知内容应当包括：

（一）投诉请求是否符合法律、行政法规、国家有关规定和保险合同约定；

（二）处理意见；

（三）投诉人如果对处理决定有异议的，可以按照本办法第二十六条的规定申请核查，也可以通过保险纠纷调处机制或者诉讼、仲裁等方式解决。

第二十六条　投诉人对保险公司分支机构、保险专业代理公司分支机构、保险经纪公司分支机构、保险公估机构分支机构作出的保险消费投诉处理决定有异议的，可以自收到处理决定之日起30日内向该机构的上一级机构书面申请核查。

核查机构应当对保险消费投诉的处理过程、处理时限和处理结果进行核查，并应当自收到核查申请之日起30日内作出核查决定。核查决定作出之日起5个工作日内，核查机构应当告知投诉人。

第二十七条　中国保监会及其派出机构对受理的保险消费投诉应当及时组织调查核实，自受理投诉之日起60日内作出处理决定；情况复杂的，经本单位负责人批准，可以延长处理期限，但延长期限不得超过30日，并告知投诉人延长期限的理由。法律、行政法规、规章另有规定的，依照其规定。

投诉人在处理决定作出前撤回保险消费投诉的，或者中国保监会及其派出机构在调查中发现，保险消费投诉不是由保险消费者本人或者保险消费者的受托人提出的，终止保险消费投诉处理，并告知投诉人。根据相关规定应当由本单位其他部门负责处理的，转相关部门处理。

第二十八条　处理决定作出之日起5个工作日内，中国保监会及其派出机构应当告知投诉人。告知内容应当包括：

（一）被投诉人是否违反或者涉嫌违反有关保险监管的法律、行政法规和中国保监会规定；

（二）处理意见；

（三）投诉人如果对处理决定有异议的，可以按照本办法第二十九条的规定申请核查。

第二十九条　投诉人对中国保监会派出机构作出的保险消费投诉处理决定有异议的，可以自收到处理决定之日起30日内向中国保监会书面申请核查。

中国保监会应当对保险消费投诉的处理过程、处理时限和处理结果进行核查，并应当自收到核查申请之日起30日内作出核查决定。核查决定作出之日起5个工作日内，中国保监会应当告知投诉人。

第四节　保险消费投诉处理工作制度

第三十条　保险机构、保险中介机构应当公布本单位的保险消费投诉电话号码、传真号码、信函邮寄地址、接待场所地址和电子邮箱等信息，并在官方网站和营业场所展示保险消费投诉处理程序。

中国保监会及其派出机构应当建立并完善保险消费者投诉维权热线，公布本单位的保险消费投诉电话号码、传真号码、信函邮寄地址、接待场所地址和电子邮箱等信息，并在官方网站和办公场所展示保险消费投诉处理程序。

第三十一条　保险机构、保险中介机构、中国保监会及其派出机构应当建立保险消费投诉登记制度和保险消费投诉档案管理制度，并定期汇总投诉数据，进行分析研究。

第三十二条　保险机构、保险中介机构、中国保监会及其派出机构应当健全本单位保险消费投诉处理工作制度、投诉考评制度和责任追究制度。

第三十三条　保险机构、保险中介机构、中国保监会及其派出机构应当依据国家有关规定制定重大及群体性保险消费投诉处理应急预案，做好重大及群体性保险消费投诉的预防、报告和应急处理工作。

保险机构、保险中介机构、中国保监会派出机构对于5人以上群体性的或者影响重大的保险消费投诉信息，应当按照中国保监会的有关规定进行报告。

第三十四条　负责处理保险消费投诉的工作人员应当遵守下列规定：

（一）坚持实事求是、依法合规，不得推诿、敷衍、拖延；

（二）全面、认真听取投诉人陈述事实及理由，妥善处理，避免激化矛盾；

（三）与保险消费投诉或者投诉人有直接利害关系的，应当回避；

（四）遵守有关的保密规定。

第四章　监督管理

第三十五条　保险机构、保险中介机构处理由中国保监会或者其派出机构转办的保险消费投诉，应当按照转办单位的要求书面报告以下情况：

（一）是否受理该投诉，不予受理的应当说明理由；

（二）该投诉的处理过程、处理时限及处理意见；

（三）投诉人是否接受处理结果。

第三十六条　保险机构、保险中介机构在处理保险消费投诉中有下列情形之一的，中国保监会及其派出机构可以及时提出改进工作的要求，并监督投诉处理单位限期整改：

（一）未按本办法规定受理的；

（二）未按本办法规定向投诉人告知是否受理的；

（三）未按本办法规定作出处理决定的；

（四）未按本办法规定向投诉人告知处理决定的；

（五）未按本办法规定向投诉人告知对处理决定有异议可以申请核查的；

（六）其他违反本办法规定，在投诉处理中损害保险消费者合法权益，需要整改的情形。

收到整改要求的投诉处理单位应当在30日内书面报告整改情况。

第三十七条　中国保监会及其派出机构根据工作需要，可以对保险机构、保险中介机构处理保险消费投诉的情况进行回访，听取投诉人对处理决定的意见。

第三十八条　保险公司应当按照中国保监会的要求，报告本单位保险消费投诉处理工作制度、投诉考评制度、责任追究制度、保险消费投诉处理工作责任人名单，以及上述事项的变动情况。

保险公司省级分公司、保险中介机构应当按照所在地中国保监会派出机构的要求，报告本单位保险消费投诉处理工作制度、投诉考评制度、责任追究制度、保险消费投诉处理工作责任人名单，以及上述事项的变动情况。

第三十九条　保险公司应当于每季度结束后10个工作日内向中国保监会书面报告该季度本保险机构保险消费投诉处理工作情况。

保险公司分支机构、保险中介机构应当于每季度结束后7个工作日内向所在地中国保监会派出机构书面报告该季度保险消费投诉处理工作情况。

第四十条 保险机构、保险中介机构应当每年对本单位保险消费投诉处理工作进行自查，并于次年3月1日前向中国保监会或者所在地派出机构报送书面自查报告。

自查报告应当说明本单位保险消费投诉处理相关制度和执行情况，存在的问题以及改进措施。

第四十一条 中国保监会建立保险机构、保险中介机构保险消费投诉处理工作考评制度，选取合理指标，全面科学地考核评价保险机构、保险中介机构投诉处理工作情况。

第四十二条 保险机构、保险中介机构违反本办法规定，有下列情形之一的，中国保监会及其派出机构可以根据具体情况，将其列为重点监管对象，与其高级管理人员进行监管谈话，或者依法采取其他监管措施：

（一）未按本办法规定建立保险消费投诉处理相关制度的；

（二）未按本办法规定公布保险消费投诉处理相关信息的；

（三）未按本办法规定期限如实报告保险消费投诉处理工作有关情况的；

（四）违反本办法第三十六条规定，未按要求整改，情节严重的；

（五）其他违反本办法规定，造成严重后果的。

第五章　附　则

第四十三条 本办法所称保险消费活动，是指购买中华人民共和国境内保险产品以及接受相关保险服务的行为。

本办法所称保险消费者，包括投保人、被保险人和受益人。

本办法所称保险从业人员，是指保险机构工作人员、保险中介机构从业人员，以及其他为保险机构销售保险产品的保险销售从业人员。

第四十四条 本办法所称保险机构,是指保险公司及其分支机构。

本办法所称保险中介机构,是指保险专业代理公司及其分支机构、保险经纪公司及其分支机构、保险公估机构及其分支机构。

第四十五条 保险消费者认为在保险消费活动中,因保险兼业代理机构及其从业人员存在违反有关保险监管的法律、行政法规和中国保监会规定的情形,使其合法权益受到损害,向中国保监会及其派出机构反映情况,申请其履行法定监管职责的,参照适用本办法。

第四十六条 保险消费投诉处理工作管理部门应当依照本办法的规定向投诉人告知相关事项,但投诉人无法联系的除外。

依照本办法规定向投诉人告知不予受理保险消费投诉或者告知保险消费投诉处理决定的,应当采取书面方式告知;投诉人同意的,也可以采取电话、电子邮件等其他方式,并保留有关告知的文字或者录音资料。

采取书面方式告知的,应当在本办法规定的告知期限内寄出相关书面文件;采取电话方式告知的,应当在本办法规定的告知期限内拨打投诉人电话;采取电子邮件方式告知的,应当在本办法规定的告知期限内发出相关电子文件。

第四十七条 本办法所称的以内含本数。

第四十八条 本办法由中国保监会负责解释。

第四十九条 本办法自2013年11月1日起施行。

中国银监会关于完善银行业金融机构客户投诉处理机制切实做好金融消费者保护工作的通知

银监发〔2012〕13号

各银监局，各政策性银行、国有商业银行、股份制商业银行、金融资产管理公司，邮政储蓄银行，各省级农村信用联社，银监会直接监管的信托公司、企业集团财务公司、金融租赁公司：

　　为保护金融消费者合法权益，有效化解社会矛盾，促进银行业提高服务水平，根据《银行业监督管理法》和《商业银行法》相关规定，现就有关事项通知如下：

　　一、银行业金融机构应当牢固树立公平对待金融消费者的观念，并将其融入公司治理和企业文化建设当中，建立健全金融消费者保护机制。银行业金融机构董事会应当将关注和维护金融消费者的合法权益作为重要职责之一，并确保高级管理层有效履行相应职责。总行和各级分支机构应当确定一名高级管理人员负责维护金融消费者合法权益工作。

　　二、银行业金融机构应当完善客户投诉处理机制，制定投诉处理工作流程，落实岗位责任，及时妥善解决客户投诉事项，积极预防合规风险和声誉风险。

　　三、银行业金融机构应当设立或指定投诉处理部门，负责指导、协调、处理客户投诉事项。

　　四、投诉处理工作人员应当充分了解法律、行政法规、规章和银监会有关监管规定，熟悉金融产品与金融服务情况，掌握本机构有关规章制度与业务流程，具备相应的工作能力，公平、友善对待金融消费者。

五、银行业金融机构应当加强营业网点现场投诉处理能力建设，规范营业网点现场投诉处理程序，明确投诉处理工作人员的岗位职责，严格执行首问负责制，有效提升现场投诉处理能力。

六、银行业金融机构应当为客户投诉提供必要的便利。在各营业网点和官方网站的醒目位置公布电话、网络、信函等投诉处理渠道。投诉电话可以单独设立，也可以与客户服务热线对接；与客户服务热线对接的，在客户服务热线中应有明显清晰的提示。

七、银行业金融机构应当及时受理各项投诉并登记，受理后应当通过短信、电话、电子邮件或信函等方式告知客户受理情况、处理时限和联系方式。

八、银行业金融机构对客户投诉事项，应当认真调查核实并及时将处理结果以上述方式告知。发现有关金融产品或服务确有问题的，应立即采取措施予以补救或纠正。银行业金融机构给金融消费者造成损失的，应根据有关法律规定或合同约定向金融消费者进行赔偿或补偿。

九、投诉处理应当高效快速。处理时限原则上不得超过十五个工作日。情况复杂或有特殊原因的，可以适当延长处理时限，但最长不得超过六十个工作日，并应当以短信、邮件、信函等方式告知客户延长时限及理由。

十、对银监会及其派出机构转办的投诉事项，应当严格按照转办要求处理，并及时向交办机构报告处理结果。

十一、银行业金融机构应当实行客户投诉源头治理，定期分析研究客户投诉、咨询的热点问题，及时查找薄弱环节和风险隐患，从运营机制、操作流程、管理制度等体制机制方面予以重点改进，切实维护金融消费者的合法权益。

十二、银行业金融机构要加强对各分支机构客户投诉处理工作的管理，将投诉处理工作纳入经营绩效考评和内控评价体系，及时研究解决投诉处理工作中存在的问题，确保客户投诉处理机制的有效性。

十三、银行业金融机构应当充分发挥法律合规部门在客户投诉处理和维护金融消费者合法权益工作中的作用，加强合规风险的有效识别和管理，确保依法合规经营，切实维护金融消费者的合法权益。

十四、银行业金融机构应当加强员工维护金融消费者合法权益的教育培训工作，切实提高服务意识和服务水平。

十五、银行业金融机构接到大规模投诉，或者投诉事项重大，涉及众多金融消费者利益，可能引发群体性事件的，应当及时向银监会或其派出机构报告。

十六、银行业金融机构及其各级分支机构应当做好金融消费者投诉统计、分析工作，并每半年形成报告，于每年1月30日和7月30日前报送银监会或其派出机构。

各银行业金融机构及其分支机构应当于2012年7月20日前将客户投诉管理办法、投诉渠道、投诉处理部门及其负责人和联系人的名单报送银监会或其派出机构。此后如客户投诉管理办法、投诉渠道有变动，变动情况应在半年报告中予以反映；如投诉处理部门及其负责人和联系人的名单有变动，应及时将变动情况报告银监会或其派出机构。

十七、银监会及其派出机构要加强对银行业金融机构客户投诉处理工作的监督检查，敦促其完善机制、落实责任、推进工作。

十八、对于涉及金融消费者权益保护的热点、难点问题，银监会及其派出机构可以向有关金融机构发出监管建议，并要求其在一定期限内采取预防或纠正措施；发现违法违规行为的，应当依法予以查处。

十九、对于一定时期内，信访投诉数量较高、处理不当或拖延问题较突出的银行业金融机构，应当在全辖予以通报，并可作为准入和监管评级的参考依据。

请各银监局将本通知转发至辖内银行业金融机构，并督促其遵照执行。各银监局和银行业金融机构在执行中遇有问题，请及时向银监会报告。

二〇一二年三月二十三日

工商总局关于进一步强化监管加强重点领域消费维权工作的通知

工商消字〔2013〕133号

各省、自治区、直辖市及计划单列市、副省级市工商局、市场监督管理局：

为了认真贯彻落实党的十八大和十八届二中全会精神以及全国工商行政管理局长座谈会的工作部署，根据政府机构改革和职能转变的新形势，为进一步加强市场监管，提升消费维权工作水平，现就加强重点领域消费维权工作通知如下：

一、提高思想认识，切实增强新形势下做好重点领域消费维权工作的责任感和使命感

（一）加强重点领域消费维权工作，是适应机构改革和职能转变的迫切需要。李克强总理在国务院机构职能转变动员电视电话会议上强调指出，要切实加强市场监管，把监管的重点放到人民群众反映强烈、对经济社会发展可能造成大的危害的领域上来。这对我们做好新形势下的消费维权工作提出了新的更高的要求。政府机构改革和职能转变，特别是流通环节食品安全监管职责划转后，各级工商部门要把更多的精力转到强化市场监管和消费维权上来，努力营造公平公正的市场秩序和安全放心的消费环境。

（二）加强重点领域消费维权工作，是顺应群众期盼、贯彻落实党的群众路线的必然要求。各级工商部门要突出消费者关注度高、消费纠纷多发的重点领域，加强流通领域商品质量监

管和有关服务领域消费维权，严厉打击销售假冒伪劣商品的违法行为，及时化解消费纠纷，优化消费市场环境，确保广大消费者安全、放心消费，以消费维权工作的实际成效转变工作作风，践行党的宗旨，进一步夯实群众信赖支持工商工作的根基。

（三）加强重点领域消费维权工作，是建立扩大消费需求长效机制的重要保障。各级工商部门要紧紧围绕党的十八大确立的中国特色社会主义建设"五位一体"的总体布局，深入开展消费教育引导，积极倡导与我国国情相适应的文明、节约、绿色、低碳、环保的消费模式，提振消费信心，提升消费者科学合理的消费能力，将消费教育引导成果转化为扩大内需和驱动发展的重要动力，进一步增强消费对经济增长的重要作用，为经济持续健康发展作出新贡献。

二、明确重点任务，着力解决人民群众关注的热点难点问题

总局决定从现在起到2015年年底之前，在全国范围内突出家用电子电器、服装鞋帽、装饰装修材料、交通工具、有关服务等五大类重点商品和服务，集中开展重点领域消费维权工作。

（一）突出家用电子电器类商品，集中解决商品质量、售后服务和维修服务等方面存在的问题。近年来，家用电子电器类商品一直高居消费者诉求之首，部分家用电子电器类商品依然存在质量安全隐患，一些经营者销售假冒伪劣或者不合格商品以及对消费者提出的修理、退换等合理要求故意拖延、无理拒绝，逃避"三包"责任等问题较为突出。各级工商部门要以家用电器、通讯器材、电脑等商品为重点，集中解决商品质量参差不齐、售后服务无保障、维修服务质量差等方面的突出问题，依法查处以假充真、以次充好、虚假标注等违法行为，切实提升家用电子电器类商品质量和消费环境。

（二）突出服装鞋帽类商品，集中解决标识标注不规范、质量不达标、存在安全隐患等突出问题。服装鞋帽是大众日常消费品，服装鞋帽特别是儿童服装等用品的质量备受社会关注。从消费者诉求的情况看，服装鞋帽和儿童用品的主要问题是：鞋子开裂掉色、服装起球开线、洗涤后褪色变形、标签与实际不符、儿童用品质量不过关等。各级工商部门要以服装鞋帽、儿童服装、儿童用品等商品为重点，集中解决标识标注不规范、质量不达标、存在安全隐患等突出问题，切实解决消费者普遍关心的问题，依法保护儿童消费安全。

（三）突出装饰装修材料类商品，集中解决消费安全方面存在的问题。装饰装修已经成为广大消费者改善居住环境的首要之选，但一些劣质装饰装修材料存在安全隐患，甲醛、重金属超标严重，有的甚至含有放射性物质，污染居住环境，给消费者人身健康带来了严重危害。各级工商部门要以人造板及其制品、木器涂料、内墙涂料、胶粘剂、陶瓷地砖等装饰装修材料和家具等商品为重点，集中解决违反装饰装修材料有害物质限量标准要求的质量安全性问题，依法保障装饰装修材料的消费安全。

（四）突出交通工具类商品，集中解决对道路交通安全和消费者人身安全存在隐患的突出问题。使用质量合格的交通工具，是消费者安全出行的重要保证。电动自行车超速超重，汽车配件假冒伪劣所引起的交通事故不断发生，给消费者人身安全造成了巨大伤害。各级工商部门要以汽车灯具、刹车片、制动软管、车内装饰材料等汽车配件和电动自行车等商品为重点，集中解决不符合安全标准、没有产品合格证等突出问题，严厉查处非法销售已明令淘汰的燃油助力车等违法行为，切实维护消费者人身财产安全。

（五）突出有关服务领域消费维权，集中解决虚假宣传、不公平合同格式条款等问题。随着现代服务业的发展，服务领域消费诉求量呈逐年上升的趋势，其中虚假宣传、不公平合同格式条款等损害消费者权益的违法行为尤为突出。各级工商部门要以有关服务领域消费维权为重点，综合运用工商行政管理职能，集中解决虚假宣传、利用格式条款加重消费者责任、免除经营者义务等违法行为，依法规范服务领域经营行为，积极促进服务业持续健康发展。

各地要围绕五大类重点商品和服务，针对当地突出的问题，研究确定具体的整治重点和时间、方法、步骤，分步实施，分类指导，确保整治工作取得实效。

三、创新监管方式，不断提升重点领域消费维权工作效能

各地要紧紧围绕五大类重点商品和服务，在总结消费维权监管执法成功经验的基础上，进一步创新监管方式，提高监管效能，切实做好重点领域消费维权工作。

（一）强化 12315 中心解决消费纠纷的效能，充分发挥 12315 在市场监管和服务发展等方面的积极作用。各级工商部门要进一步畅通受理渠道，提高诉求解决质量。要对 12315 中心的电话接通率、诉求办结率、消费者满意率、举报查实率、申诉转案率等指标进行量化考核，加强对申诉和举报违法线索的筛查和依法处理，进一步提高解决消费诉求的效能。要不断强化 12315 数据综合分析能力。总局、省局要建立和完善 12315 数据分析中心，研究建立 12315 消费者诉求分析模型，特别是要针对五大类重点商品和服务进行锁定式量化分析，动态分析诉求热点和消费市场秩序状况，为评价监管执法成效、确定市场监管

重点和服务经济发展提供决策参考。

（二）强化商品质量跟踪监测，集中力量查处严重侵害消费者权益违法案件。各地工商部门要针对五大类重点商品和服务，以商场、超市、集贸市场等集中消费的大型市场以及专卖店、总代理、批发市场为重点场所，集中监测经费，增加监测批次，突出安全指标，认真组织开展商品质量定向性、连续性的跟踪监测。要强化监测结果的利用，对不合格商品，依法监督经营者及时退市；对问题较多的重点商品，集中开展专项整治。对违法行为线索要进行梳理和排查，依法严厉查处掺杂使假、以次充好、虚假宣传、虚假广告、假冒商标等违法行为。要加强案件督查协办和区域执法协作，对严重侵害消费者权益的案件挂牌督办、限时办结，对涉嫌犯罪的案件及时移送司法机关处理。总局将适时选择重点商品和典型案件，在全国统一组织开展2—3次专项执法检查，进一步提升案件查办工作的威慑力和影响力。

（三）强化分类监管和信息化监管，切实提升市场监管执法和消费维权工作的效能和水平。各级工商部门要依托企业信用分类监管体系，强化对流通领域商品经营者和有关服务领域经营者的信用分类监管，针对不同信用等级的经营者，有针对性地加强日常监管和抽查，有效提高监管效能。要探索重点商品分类监管，科学划分商品监管等级，逐步实现由被动监管到主动监管、由普遍监管到重点监管的转变。要强化信息化手段在监管执法和消费维权工作中的运用，建立健全从总局到基层工商所五级贯通的消费维权信息化网络体系，建立商品质量监测数据库、侵害消费者权益大要案件库，积极推进商品质量信息和监管执法信息的共享和应用，推动监管执法电子化管理，全面提高监管执法和消费维权的现代化和科学化水平。

（四）强化消费维权社会监督体系建设，营造全社会共同参与消费维权的良好环境。各级工商部门要继续扩大12315"五进"工作覆盖面和加强规范化建设，强化经营者自律意识，切实把消费纠纷和解在企业，引导经营者依法自觉履行消费维权的社会责任。要不断强化与行业组织的协作机制，突出重点领域，指导行业组织建立和完善处理消费者投诉、解决消费纠纷的机制，推动行政监管与行业自律优势互补。要积极争取当地党委和政府的支持，会同消协组织继续推动"一会两站"全覆盖，方便消费者就近咨询投诉、解决消费纠纷，切实推动城乡消费维权服务均等化，将"一会两站"建设作为服务群众的重要渠道。消费者协会是根据国家法律授权对商品和服务进行社会监督的社会组织，是保护消费者合法权益的重要力量。各级消协组织要积极行使法律赋予的参与对商品和服务监督检查和反映、查询、建议的职能，积极配合政府监管部门对重点消费领域的整治行动，综合运用消费调查、试验体验、社会评议等手段，坚决制止行业潜规则和不公平合同格式条款，扎实有效地开展商品和服务的社会监督活动。中国消费者报社要充分发挥舆论宣传的作用，围绕广大消费者和社会各界关注的消费领域的热点难点，进一步加大宣传报导工作力度，真正在消费维权、引导合理消费上发挥更大的作用。

四、加强组织领导，确保重点领域消费维权工作取得实效

（一）加强组织领导，严格责任制度。各级工商部门要将加强重点领域消费维权工作作为当前的重要任务，坚持一把手亲自抓，分管领导具体抓，相关职能机构分工协作抓，形成齐抓共管的工作格局。要尽快研究制定实施方案，明确工作目标和

考核目标,分步骤、分阶段地组织好重点领域消费维权工作。

(二)加强协作配合,形成工作合力。各级工商部门要加强与政府有关职能部门的协作配合,加强与消费者协会、行业组织的沟通协作,加强信息资源共享,建立健全协调协作机制,共同研究解决重点领域消费维权工作中的突出问题,切实形成消费维权工作合力。

(三)加强督查指导,确保工作落实到位。各级工商部门,特别是省级工商局要加强对基层工作的指导和督促检查,及时总结推广基层的成功经验和创新做法,以点带面推动工作。要以开展党的群众路线教育实践活动为契机,深入基层一线了解监管执法的薄弱环节和实际困难,有针对性地加以研究解决。总局将把五大类重点商品和服务监管执法作为年度消费者权益保护工作督查重点,确保各项工作落到实处。

(四)加强社会宣传,及时总结推广经验。各级工商部门要认真贯彻落实全国宣传思想工作会议精神,弘扬主旋律,传播正能量,加强与主流媒体和总局"两报一刊"的合作,进一步做好重点领域消费维权工作的宣传报道。要注重正面宣传监管执法工作的新措施、新成果,宣传消费维权的先进人物和先进经验,充分发挥先进典型的示范和带动作用。进一步加大12315宣传推广力度,扩大知晓度和影响力。要围绕《消费者权益保护法》颁布20周年,集中宣传消费者权益保护工作成果,全面展示工商部门在服务保障和改善民生、促进经济社会科学发展的重要作用,努力营造良好的执法环境和舆论氛围。

工商总局
2013年9月3日

中华人民共和国价格法

中华人民共和国主席令

第九十二号

《中华人民共和国价格法》已由中华人民共和国第八届全国人民代表大会常务委员会第二十九次会议于1997年12月29日通过，现予公布，自1998年5月1日起施行。

中华人民共和国主席　江泽民

1997年12月29日

第一章　总　则

第一条　为了规范价格行为，发挥价格合理配置资源的作用，稳定市场价格总水平，保护消费者和经营者的合法权益，促进社会主义市场经济健康发展，制定本法。

第二条　在中华人民共和国境内发生的价格行为，适用本法。

本法所称价格包括商品价格和服务价格。

商品价格是指各类有形产品和无形资产的价格。

服务价格是指各类有偿服务的收费。

第三条 国家实行并逐步完善宏观经济调控下主要由市场形成价格的机制。价格的制定应当符合价值规律，大多数商品和服务价格实行市场调节价，极少数商品和服务价格实行政府指导价或者政府定价。

市场调节价，是指由经营者自主制定，通过市场竞争形成的价格。

本法所称经营者是指从事生产、经营商品或者提供有偿服务的法人、其他组织和个人。

政府指导价，是指依照本法规定，由政府价格主管部门或者其他有关部门，按照定价权限和范围规定基准价及其浮动幅度，指导经营者制定的价格。

政府定价，是指依照本法规定，由政府价格主管部门或者其他有关部门，按照定价权限和范围制定的价格。

第四条 国家支持和促进公平、公开、合法的市场竞争，维护正常的价格秩序，对价格活动实行管理、监督和必要的调控。

第五条 国务院价格主管部门统一负责全国的价格工作。国务院其他有关部门在各自的职责范围内，负责有关的价格工作。

县级以上地方各级人民政府价格主管部门负责本行政区域内的价格工作。县级以上地方各级人民政府其他有关部门在各自的职责范围内，负责有关的价格工作。

第二章　经营者的价格行为

第六条　商品价格和服务价格，除依照本法第十八条规定适用政府指导价或者政府定价外，实行市场调节价，由经营者依照本法自主制定。

第七条　经营者定价，应当遵循公平、合法和诚实信用的原则。

第八条　经营者定价的基本依据是生产经营成本和市场供求状况。

第九条　经营者应当努力改进生产经营管理，降低生产经营成本，为消费者提供价格合理的商品和服务，并在市场竞争中获取合法利润。

第十条　经营者应当根据其经营条件建立、健全内部价格管理制度，准确记录与核定商品和服务的生产经营成本，不得弄虚作假。

第十一条　经营者进行价格活动，享有下列权利：

（一）自主制定属于市场调节的价格；

（二）在政府指导价规定的幅度内制定价格；

（三）制定属于政府指导价、政府定价产品范围内的新产品的试销价格，特定产品除外；

（四）检举、控告侵犯其依法自主定价权利的行为。

第十二条　经营者进行价格活动，应当遵守法律、法规，执行依法制定的政府指导价、政府定价和法定的价格干预措施、紧急措施。

第十三条　经营者销售、收购商品和提供服务，应当按照政府价格主管部门的规定明码标价，注明商品的品名、产地、规格、等级、计价单位、价格或者服务的项目、收费标准等有关情况。

经营者不得在标价之外加价出售商品，不得收取任何未予标明的费用。

第十四条 经营者不得有下列不正当价格行为：

（一）相互串通，操纵市场价格，损害其他经营者或者消费者的合法权益；

（二）在依法降价处理鲜活商品、季节性商品、积压商品等商品外，为了排挤竞争对手或者独占市场，以低于成本的价格倾销，扰乱正常的生产经营秩序，损害国家利益或者其他经营者的合法权益；

（三）捏造、散布涨价信息，哄抬价格，推动商品价格过高上涨的；

（四）利用虚假的或者使人误解的价格手段，诱骗消费者或者其他经营者与其进行交易；

（五）提供相同商品或者服务，对具有同等交易条件的其他经营者实行价格歧视；

（六）采取抬高等级或者压低等级等手段收购、销售商品或者提供服务，变相提高或者压低价格；

（七）违反法律、法规的规定牟取暴利；

（八）法律、行政法规禁止的其他不正当价格行为。

第十五条 各类中介机构提供有偿服务收取费用，应当遵守本法的规定。法律另有规定的，按照有关规定执行。

第十六条 经营者销售进口商品、收购出口商品，应当遵守本章的有关规定，维护国内市场秩序。

第十七条 行业组织应当遵守价格法律、法规,加强价格自律,接受政府价格主管部门的工作指导。

第三章 政府的定价行为

第十八条 下列商品和服务价格,政府在必要时可以实行政府指导价或者政府定价:

(一)与国民经济发展和人民生活关系重大的极少数商品价格;

(二)资源稀缺的少数商品价格;

(三)自然垄断经营的商品价格;

(四)重要的公用事业价格;

(五)重要的公益性服务价格。

第十九条 政府指导价、政府定价的定价权限和具体适用范围,以中央的和地方的定价目录为依据。

中央定价目录由国务院价格主管部门制定、修订,报国务院批准后公布。

地方定价目录由省、自治区、直辖市人民政府价格主管部门按照中央定价目录规定的定价权限和具体适用范围制定,经本级人民政府审核同意,报国务院价格主管部门审定后公布。

省、自治区、直辖市人民政府以下各级地方人民政府不得制定定价目录。

第二十条 国务院价格主管部门和其他有关部门,按照中央定价目录规定的定价权限和具体适用范围制定政府指导价、政府定价;其中重要的商品和服务价格的政府指导价、政府定价,应当按照规定经国务院批准。

省、自治区、直辖市人民政府价格主管部门和其他有关部门，应当按照地方定价目录规定的定价权限和具体适用范围制定在本地区执行的政府指导价、政府定价。

市、县人民政府可以根据省、自治区、直辖市人民政府的授权，按照地方定价目录规定的定价权限和具体适用范围制定在本地区执行的政府指导价、政府定价。

第二十一条 制定政府指导价、政府定价，应当依据有关商品或者服务的社会平均成本和市场供求状况、国民经济与社会发展要求以及社会承受能力，实行合理的购销差价、批零差价、地区差价和季节差价。

第二十二条 政府价格主管部门和其他有关部门制定政府指导价、政府定价，应当开展价格、成本调查，听取消费者、经营者和有关方面的意见。

政府价格主管部门开展对政府指导价、政府定价的价格、成本调查时，有关单位应当如实反映情况，提供必需的帐簿、文件以及其他资料。

第二十三条 制定关系群众切身利益的公用事业价格、公益性服务价格、自然垄断经营的商品价格等政府指导价、政府定价，应当建立听证会制度，由政府价格主管部门主持，征求消费者、经营者和有关方面的意见，论证其必要性、可行性。

第二十四条 政府指导价、政府定价制定后，由制定价格的部门向消费者、经营者公布。

第二十五条 政府指导价、政府定价的具体适用范围、价格水平，应当根据经济运行情况，按照规定的定价权限和程序适时调整。

消费者、经营者可以对政府指导价、政府定价提出调整建议。

第四章 价格总水平调控

第二十六条 稳定市场价格总水平是国家重要的宏观经济政策目标。国家根据国民经济发展的需要和社会承受能力，确定市场价格总水平调控目标，列入国民经济和社会发展计划，并综合运用货币、财政、投资、进出口等方面的政策和措施，予以实现。

第二十七条 政府可以建立重要商品储备制度，设立价格调节基金，调控价格，稳定市场。

第二十八条 为适应价格调控和管理的需要，政府价格主管部门应当建立价格监测制度，对重要商品、服务价格的变动进行监测。

第二十九条 政府在粮食等重要农产品的市场购买价格过低时，可以在收购中实行保护价格，并采取相应的经济措施保证其实现。

第三十条 当重要商品和服务价格显著上涨或者有可能显著上涨，国务院和省、自治区、直辖市人民政府可以对部分价格采取限定差价率或者利润率、规定限价、实行提价申报制度和调价备案制度等干预措施。

省、自治区、直辖市人民政府采取前款规定的干预措施，应当报国务院备案。

第三十一条 当市场价格总水平出现剧烈波动等异常状态时，国务院可以在全国范围内或者部分区域内采取临时集中定价权限、部分或者全面冻结价格的紧急措施。

第三十二条 依照本法第三十条、第三十一条的规定实行干预措施、紧急措施的情形消除后,应当及时解除干预措施、紧急措施。

第五章 价格监督检查

第三十三条 县级以上各级人民政府价格主管部门,依法对价格活动进行监督检查,并依照本法的规定对价格违法行为实施行政处罚。

第三十四条 政府价格主管部门进行价格监督检查时,可以行使下列职权:

(一)询问当事人或者有关人员,并要求其提供证明材料和与价格违法行为有关的其他资料;

(二)查询、复制与价格违法行为有关的帐簿、单据、凭证、文件及其他资料,核对与价格违法行为有关的银行资料;

(三)检查与价格违法行为有关的财物,必要时可以责令当事人暂停相关营业;

(四)在证据可能灭失或者以后难以取得的情况下,可以依法先行登记保存,当事人或者有关人员不得转移、隐匿或者销毁。

第三十五条 经营者接受政府价格主管部门的监督检查时,应当如实提供价格监督检查所必需的帐簿、单据、凭证、文件以及其他资料。

第三十六条 政府部门价格工作人员不得将依法取得的资料或者了解的情况用于依法进行价格管理以外的任何其他目的,不得泄露当事人的商业秘密。

第三十七条 消费者组织、职工价格监督组织、居民委员会、村民委员会等组织以及消费者,有权对价格行为进行社会监督。政府价格主管部门应当充分发挥群众的价格监督作用。

新闻单位有权进行价格舆论监督。

第三十八条 政府价格主管部门应当建立对价格违法行为的举报制度。

任何单位和个人均有权对价格违法行为进行举报。政府价格主管部门应当对举报者给予鼓励,并负责为举报者保密。

第六章 法律责任

第三十九条 经营者不执行政府指导价、政府定价以及法定的价格干预措施、紧急措施的,责令改正,没收违法所得,可以并处违法所得五倍以下的罚款;没有违法所得的,可以处以罚款;情节严重的,责令停业整顿。

第四十条 经营者有本法第十四条所列行为之一的,责令改正,没收违法所得,可以并处违法所得五倍以下的罚款;没有违法所得的,予以警告,可以并处罚款;情节严重的,责令停业整顿,或者由工商行政管理机关吊销营业执照。有关法律对本法第十四条所列行为的处罚及处罚机关另有规定的,可以依照有关法律的规定执行。

有本法第十四条第(一)项、第(二)项所列行为,属于是全国性的,由国务院价格主管部门认定;属于是省及省以下区域性的,由省、自治区、直辖市人民政府价格主管部门认定。

第四十一条 经营者因价格违法行为致使消费者或者其他经营者多付价款的,应当退还多付部分;造成损害的,应当依法承担赔偿责任。

第四十二条　经营者违反明码标价规定的，责令改正，没收违法所得，可以并处五千元以下的罚款。

第四十三条　经营者被责令暂停相关营业而不停止的，或者转移、隐匿、销毁依法登记保存的财物的，处相关营业所得或者转移、隐匿、销毁的财物价值一倍以上三倍以下的罚款。

第四十四条　拒绝按照规定提供监督检查所需资料或者提供虚假资料的，责令改正，予以警告；逾期不改正的，可以处以罚款。

第四十五条　地方各级人民政府或者各级人民政府有关部门违反本法规定，超越定价权限和范围擅自制定、调整价格或者不执行法定的价格干预措施、紧急措施的，责令改正，并可以通报批评；对直接负责的主管人员和其他直接责任人员，依法给予行政处分。

第四十六条　价格工作人员泄露国家秘密、商业秘密以及滥用职权、徇私舞弊、玩忽职守、索贿受贿，构成犯罪的，依法追究刑事责任；尚不构成犯罪的，依法给予处分。

第七章　附　则

第四十七条　国家行政机关的收费，应当依法进行，严格控制收费项目，限定收费范围、标准。收费的具体管理办法由国务院另行制定。

利率、汇率、保险费率、证券及期货价格，适用有关法律、行政法规的规定，不适用本法。

第四十八条　本法自1998年5月1日起施行。

附 录

中华人民共和国价格管理条例

(1987年9月11日中华人民共和国国务院发布)

第一章 总 则

第一条 为了贯彻执行国家的价格方针、政策,加强价格管理,保持市场价格的基本稳定,安定人民生活,保障经济体制改革的顺利进行,促进社会主义有计划商品经济的发展,制定本条例。

第二条 价格管理应当在保障国家利益的前提下,保护生产者、经营者和消费者的合法经济利益,正确处理中央、地方、部门、企业相互之间的经济利益关系。

第三条 国家对价格管理采取直接管理和间接控制相结合的原则,实行国家定价、国家指导价和市场调节价三种价格形式。

第四条 国家对价格工作实行统一领导、分级管理。

各级人民政府物价管理机关(以下简称物价部门),各级人民政府有关业务主管部门以及企业、事业单位价格管理机构和人员,应当严格遵守国家价格法规和政策,做好价格管理和监督工作。

第二章 价格的制定和管理

第五条 本条例所指的价格包括：

（一）各类商品的价格；

（二）各种经营性服务的收费标准（以下简称收费标准）。

第六条 商品价格构成包括生产商品的社会平均成本、税金、利润以及正常的流通费用。

第七条 制定、调整实行国家定价和国家指导价的商品价格，应当接近商品价值，反映供求状况，符合国家政策要求，并且遵循下列原则：

（一）各类商品价格应当保持合理的比价关系；

（二）应当有明确的质量标准或者等级规格标准，实行按质定价；

（三）在减少流通环节、降低流通费用的前提下，实行合理的购销差价、批零差价、地区差价和季节差价。

第八条 国家定价是指由县级以上（含县级，以下同）各级人民政府物价部门、业务主管部门按照国家规定权限制定的商品价格和收费标准。

国家指导价是指由县级以上各级人民政府物价部门、业务主管部门按照国家规定权限，通过规定基准价和浮动幅度、差率、利润率、最高限价和最低保护价等，指导企业制定的商品价格和收费标准。

市场调节价是指由生产者、经营者制定的商品价格和收费标准。

第九条 实行国家定价、国家指导价的商品分工管理目录、收费项目分工管理目录，由国家物价部门和国家物价部门授权省、自治区、直辖市人民政府物价部门制定、调整。

第十条 制定、调整商品价格和收费标准，必须按照国家规定的权限和程序执行。任何地区、部门、单位和个人，都不得超越权限擅自制定、调整商品价格和收费标准。

第十一条 国务院有关业务主管部门、地方各级人民政府应当掌握市场商品价格信息，通过国营工商企业、物资供销企业、供销社组织货源，参与市场调节，平抑市场商品价格。在市场调节价出现暴涨暴落时，物价部门可以在一定时期内对部分商品价格规定最高限价、最低保护价和提价申报制度。

第十二条 物价部门应当对城乡集贸市场和个体工商户的价格加强管理和监督。

第三章 价格管理职责

第十三条 国家物价部门在价格管理方面履行下列职责：

（一）研究拟订国家的价格方针、政策、计划和改革方案，经国务院批准后组织实施；

（二）研究拟订价格法规草案；

（三）负责全国的价格管理和综合平衡工作；

（四）按照价格管理权限，规定商品和收费的作价原则、作价办法，制定、调整分管的商品价格和收费标准，重要的商品价格和收费标准的制定、调整，应当会商国务院有关业务主管部门后报国务院批准；

（五）指导、监督国务院业务主管部门和省、自治区、直辖市人民政府的价格工作，检查、处理违反价格法规和政策的行为（以下简称价格违法行为）；

（六）协调、处理国务院业务主管部门之间，省、自治区、直辖市之间，国务院业务主管部门与省、自治区、直辖市之间的价格争议；

（七）建立全国价格信息网络，开展价格信息服务工作；

（八）国务院赋予的其他职责。

第十四条 国务院业务主管部门在价格管理方面履行下列职责：

（一）负责组织、监督本系统、本行业贯彻执行国家的价格方针、政策和法规；

（二）按照价格管理权限，规定商品和收费的作价原则、作价办法，制定、调整分管的商品价格和收费标准；

（三）组织、监督本系统、本行业执行规定的商品价格和收费标准；

（四）指导本系统、本行业价格工作，协调、处理本系统、本行业内的价格争议，协助物价检查机构查处价格违法行为；

（五）对国家物价部门管理的商品价格和收费标准提供有关资料，提出价格调整方案；

（六）建立本系统、本行业的价格信息网络，开展价格信息服务工作。

第十五条 省、自治区、直辖市人民政府物价部门在价格管理方面履行下列职责：

（一）贯彻执行国家的价格方针、政策和法规；

（二）组织、监督有关部门实施国家物价部门和国务院业务主管部门制定的商品价格和收费标准；

（三）负责本地区的价格管理和综合平衡工作，会同有关部门拟订本地区价格计划草案，经批准后组织实施；

（四）按照价格管理权限，规定商品和收费的作价原则、作价办法，制定、调整分管的商品价格和收费标准，重要的商品价格和收费标准应当报省、自治区、直辖市人民政府批准，并报国家物价部门和国务院有关业务主管部门备案；

（五）指导、监督同级业务主管部门、下级人民政府以及本地区内企业、事业单位的价格工作，检查、处理价格违法行为；

（六）协调、处理本地区内的价格争议；

（七）建立本地区价格信息网络，开展价格信息服务工作；

（八）省、自治区、直辖市人民政府赋予的其他职责。

第十六条 省、自治区、直辖市人民政府业务主管部门和市、县人民政府的物价部门、业务主管部门的价格管理职责，由省、自治区、直辖市人民政府参照本章的有关条款规定。

第四章 企业的价格权利和义务

第十七条 企业在价格方面享有下列权利：

（一）对实行国家指导价的商品和收费项目，按照有关规定制定商品价格和收费标准；

（二）制定实行市场调节价的商品价格和收费标准；

（三）对经有关部门鉴定确认、物价部门批准实行优质加价的产品，在规定的加价幅度内制定商品价格，按照规定权限确定残损废次商品的处理价格；

（四）在国家规定期限内制定新产品的试销价格；

（五）对实行国家定价、国家指导价的商品价格和收费标准的制定、调整提出建议。

第十八条 企业在价格方面应当履行下列义务：

（一）遵照执行国家的价格方针、政策和法规，执行国家定价、国家指导价；

（二）如实上报实行国家定价、国家指导价的商品和收费项目的有关定价资料；

（三）服从物价部门的价格管理，接受价格监督检查，如实提供价格检查所必需的成本、帐簿等有关资料；

（四）执行物价部门规定的商品价格和收费标准的申报、备案制度；

（五）零售商业、饮食行业、服务行业等，必须按照规定明码标价。

第十九条 事业单位、个体工商户在价格方面的权利和义务，参照本条例第十七条、第十八条的规定执行。

第五章 价格监督检查

第二十条 各级物价部门的物价检查机构，依法行使价格监督检查和处理价格违法行为的职权。对同级人民政府业务主管部门、下级人民政府以及本地区内的企业、事业单位和个体工商户执行价格法规、政策进行监督检查。

第二十一条 物价检查机构受上级物价检查机构的业务指导。地方各级物价检查机构主要负责人的任免，应当事前征得上一级物价部门的同意。

第二十二条 物价检查机构应当依靠和发动群众监督检查价格，协同工会和街道办事处组织职工价格监督站和群众价格监督站，开展群众性的价格监督检查活动。

物价部门要发挥消费者协会监督价格的作用，依法查处消费者协会反映的价格违法行为。

第二十三条 群众价格监督组织监督检查的重点，应当是同人民生活关系密切的消费品价格和服务收费标准。

群众价格监督人员进行价格监督检查活动时,应当佩带标志,出示价格检查证。

第二十四条 地方各级人民政府应当加强对价格监督检查工作的领导,组织有关部门和社会有关方面人员定期或者不定期地对价格法规、政策的执行情况进行监督检查。

第二十五条 工商行政管理、审计、财政、税务、公安、标准、计量以及银行等部门,应当积极配合物价检查机构做好价格监督检查和处理价格违法行为的工作。

第二十六条 对价格违法行为,任何单位和个人都有权检举揭发。物价检查机构应当为检举者保密,并按规定对检举揭发或者协助查处价格违法行为有功人员给予奖励。

对群众价格监督组织中工作有成绩者,应当按规定给予奖励。

第二十七条 对检举揭发或者查处价格违法行为者进行打击、报复的,依法追究责任。

第二十八条 物价检查人员必须依法办事。对滥用职权、贪污受贿、徇私舞弊、玩忽职守的,依照国家有关规定给予处分;情节严重,构成犯罪的,由司法机关依法追究刑事责任。

第六章 罚 则

第二十九条 下列行为属于价格违法行为:
(一)不执行国家定价收购、销售商品或者收取费用的;
(二)违反国家指导价的定价原则,制定、调整商品价格或者收费标准的;
(三)抬级抬价、压级压价的;

（四）违反规定将计划内生产资料转为计划外高价出售的；

（五）将定量内供应城镇居民的商品按议价销售的；

（六）违反规定层层加价销售商品的；

（七）自立名目滥收费用的；

（八）采取以次充好、短尺少秤、降低质量等手段，变相提高商品价格或者收费标准的；

（九）企业之间或者行业组织商定垄断价格的；

（十）不执行提价申报制度的；

（十一）不按规定明码标价的；

（十二）泄露国家价格机密的；

（十三）其他违反价格法规、政策的行为。

第三十条 对有前条行为之一的，物价检查机构应当根据情节按照下列规定处罚：

（一）通报批评；

（二）责令将非法所得退还购买者或者用户；

（三）不能退还的非法所得由物价检查机构予以没收；

（四）罚款；

（五）提请工商行政管理机关吊销营业执照；

（六）对企业、事业单位的直接责任人员和主管人员处以罚款，并可以建议有关部门给予处分。

以上处罚，可以并处。

第三十一条 对拒缴非法所得或者罚款的，物价检查机构可以按照有关规定通知其开户银行予以划拨。对没有银行帐户或者银行帐户内无资金的，物价检查机构有权将其商品变卖抵缴。

被处罚的单位和个体工商户，其退还或者被收缴的非法所得，应当抵减其结案年度的销售收入或者营业收入。企业、事业单位的罚款应当在自有资金、预算包干经费或者预算外资金中支出。

第三十二条　被处罚的单位和个人对处罚决定不服的，可以在收到处罚通知之日起十五日内，向上一级物价检查机构申请复议。上一级物价检查机构应当在收到复议申请之日起三十日内作出复议决定。复议期间，原处罚决定照常执行。申诉人对复议决定不服的，可以在收到复议通知之日起十五日内，向人民法院起诉。

第三十三条　国家物价部门对各级物价检查机构、上级物价检查机构对下级物价检查机构已经生效的处罚决定，如果发现确有错误，有权纠正或者责令重新处理。

第三十四条　拒绝、阻碍物价检查人员依法执行职务的，由公安机关依照《中华人民共和国治安管理处罚条例》的规定予以处罚；情节严重，构成犯罪的，由司法机关依法追究刑事责任。

第三十五条　各级人民政府物价部门、业务主管部门及其工作人员违反价格管理权限、程序，制定、调整商品价格或者收费标准的，由上级物价部门或者同级物价部门负责纠正，并按干部管理权限追究有关人员的责任。

对泄露国家价格机密的，依法追究责任。

第七章　附　则

第三十六条　对行政性收费、事业性收费，物价部门应当根据国家的价格方针、政策进行管理和监督，并会同有关部门核定收费标准。

第三十七条 在我国境内设立的外商投资企业价格管理按照国家有关规定执行。

第三十八条 本条例由国家物价局负责解释；施行细则由国家物价局制定。

第三十九条 本条例自发布之日起施行，1982年7月7日国务院发布的《物价管理暂行条例》同时废止。

价格违法行为举报处理规定

中华人民共和国国家发展和改革委员会令
第 6 号

根据《中华人民共和国价格法》，我们对《价格违法行为举报规定》（国家发展改革委令第 15 号）进行了修订，修订后的《价格违法行为举报处理规定》已经国家发展和改革委员会主任办公会议讨论通过，现予公布，自 2014 年 5 月 1 日起施行。

国家发展和改革委员会主任
2014 年 1 月 15 日

第一条　为保障公民、法人或者其他组织依法举报价格违法行为的权利，规范价格主管部门对价格违法行为举报的受理、办理、告知等工作，根据《中华人民共和国价格法》及有关法律、行政法规，制定本规定。

第二条　公民、法人或者其他组织（以下简称举报人）对违反价格和收费法律、法规、规章和其他规范性文件规定的行为向价格主管部门举报（以下简称价格举报），价格主管部门处理价格举报，适用本规定。

第三条　县级以上地方人民政府价格主管部门应当向社会公布 12358 举报电话、网上举报平台、通讯地址、接待的时间和地点等相关事项。

第四条 举报人可以通过 12358 举报电话、信件、互联网、传真、走访等形式向价格主管部门提出价格举报。

对采用口头方式提出价格举报的,价格主管部门应当记录。

多人采用走访形式提出共同的举报事项的,应当推选代表。

第五条 价格主管部门建立全国统一的价格举报管理信息系统,对价格举报实行统一编码管理。

举报人可以凭举报编码查询举报处理进展情况。

具体编码管理及查询办法按照价格举报管理信息系统工作规则执行。

第六条 举报有下列情形之一的,价格主管部门不予受理:

(一)举报事项不属于价格主管部门职权范围的;

(二)没有明确的被举报人的姓名(名称)、地址的;

(三)没有提供被举报的价格违法行为的具体事实的;

(四)对同一个价格违法行为的举报,其他机关已经受理的;

(五)对被举报的价格违法行为已经作出处理决定,举报人提出举报,但没有提供新的事实的。

第七条 价格主管部门接收举报后应当及时进行审查,属于收到举报的价格主管部门管辖范围,并且不属于本规定第六条第(二)、(三)、(四)、(五)项情形的,予以受理;不属于收到举报的价格主管部门管辖范围的,应当在 7 个工作日内转至有管辖权的价格主管部门处理。

接受转办的价格主管部门对收到的价格举报,应当及时进行审查,决定是否受理。

第八条 价格主管部门应当自收到举报之日起7个工作日内告知举报人是否受理或者转办。

第九条 价格主管部门对被举报的价格违法行为的管辖,按照《价格行政处罚程序规定》第二章和各省、自治区、直辖市价格行政处罚管辖分工规定执行。

第十条 价格举报采用书面形式并提供相关证据的,价格主管部门可以优先进行处理。

价格主管部门依法对被举报的价格违法行为进行调查后,依据《价格行政处罚程序规定》的规定作出行政处罚、不予行政处罚、移送有关行政机关处理等决定或者不予立案的,为举报办结。

第十一条 价格主管部门应当在举报办结后15个工作日内告知举报人对被举报的价格违法行为的处理结果。

第十二条 因生活消费需要购买商品或者接受服务的消费者,可以单独或者在进行价格举报时一并对涉及自身价格权益的民事争议提出投诉(以下简称价格投诉)。

价格投诉应当在争议发生之日起一年内提出,并提供本人的身份证明、民事请求事项及相关证据。

消费者在价格举报时一并提出价格投诉的,价格投诉由受理价格举报的价格主管部门管辖。消费者单独提出价格投诉的,由争议发生地的市、县价格主管部门管辖。

价格主管部门应当自收到消费者价格投诉之日起7个工作日内,作出是否受理的决定并告知消费者。

第十三条 价格主管部门对价格投诉实行调解制度,调解应当在当事人双方同意的情况下进行。

有下列情形之一的,为价格投诉办结:

(一)达成调解协议的;

(二)调解期间双方自行协商和解的;

(三)消费者撤回投诉的;

(四)当事人一方拒绝调解的;

(五)双方未能达成调解协议的;

(六)应当视为价格投诉办结的其他情形。

价格投诉应当自受理之日起60日内办结,并告知消费者。当事人一方拒绝调解、未能达成调解协议或者不执行调解协议的,消费者可以通过民事诉讼、仲裁等方式维护自身合法权益。

第十四条 被举报人因价格违法行为致使消费者多付价款的,价格主管部门应当在对被举报的价格违法行为作出行政处罚决定前,责令被举报人将多收价款退还消费者,但应当扣除被举报人在价格投诉中已经退还的多收价款部分。

第十五条 本规定中的告知,价格主管部门可以采用口头或者书面形式(包括数据电文形式)进行,但举报人或者消费者姓名(名称)、地址不清或者未提供联系方式的除外。口头告知的,应当进行相关记录。

第十六条 价格主管部门应当为举报人保密,并对符合相关规定的举报人给予鼓励。

第十七条 对社会影响大的价格举报典型案例,价格主管部门可以向社会公布。

第十八条 对涉嫌价格垄断行为的举报,按照《中华人民共和国反垄断法》和《反价格垄断行政执法程序规定》的规定执行。

第十九条 咨询价格法律、法规、规章、政策，不适用本规定。

第二十条 各省、自治区、直辖市价格主管部门可以根据本规定制定实施细则。

第二十一条 本规定由国家发展和改革委员会负责解释。

第二十二条 本规定自 2014 年 5 月 1 日起施行。国家发展和改革委员会 2004 年 8 月 10 日发布的《价格违法行为举报规定》同时废止。

禁止价格欺诈行为的规定

中华人民共和国国家发展计划委员会令

第15号

依据《中华人民共和国价格法》制定的《禁止价格欺诈行为的规定》，已经国家发展计划委员会办公会议讨论通过，现予发布，自二〇〇二年一月一日起施行。

国家发展计划委员会主任
二〇〇一年十一月七日

第一条 为维护市场秩序，禁止价格欺诈行为，促进公平竞争，保护消费者和经营者的合法权益，根据《中华人民共和国价格法》，制定本规定。

第二条 在中华人民共和国境内的法人、其他组织和个人（以下简称经营者）收购、销售商品或者提供有偿服务的价格行为，必须遵守本规定。

第三条 价格欺诈行为是指经营者利用虚假的或者使人误解的标价形式或者价格手段，欺骗、诱导消费者或者其他经营者与其进行交易的行为。

第四条 经营者与消费者进行交易，应当遵循公开、公平、自愿、诚实信用的原则。

第五条 经营者收购、销售商品或者提供有偿服务，应当依法明码标价。经营者降价销售商品和提供服务，应当如实说明降价原因、降价期间，并使用降价标价签。

第六条 经营者收购、销售商品和提供有偿服务的标价行为，有下列情形之一的，属于价格欺诈行为：

（一）标价签、价目表等所标示商品的品名、产地、规格、等级、质地、计价单位、价格等或者服务的项目、收费标准等有关内容与实际不符，并以此为手段诱骗消费者或者其他经营者购买的；

（二）对同一商品或者服务，在同一交易场所同时使用两种标价签或者价目表，以低价招徕顾客并以高价进行结算的；

（三）使用欺骗性或者误导性的语言、文字、图片、计量单位等标价，诱导他人与其交易的；

（四）标示的市场最低价、出厂价、批发价、特价、极品价等价格表示无依据或者无从比较的；

（五）降价销售所标示的折扣商品或者服务，其折扣幅度与实际不符的；

（六）销售处理商品时，不标示处理品和处理品价格的；

（七）采取价外馈赠方式销售商品和提供服务时，不如实标示馈赠物品的品名、数量或者馈赠物品为假劣商品的；

（八）收购、销售商品和提供服务带有价格附加条件时，不标示或者含糊标示附加条件的；

（九）其他欺骗性价格表示。

第七条 经营者收购、销售商品和提供有偿服务，采取下列价格手段之一的，属于价格欺诈行为：

（一）虚构原价，虚构降价原因，虚假优惠折价，谎称降价或者将要提价，诱骗他人购买的；

(二) 收购、销售商品和提供服务前有价格承诺，不履行或者不完全履行的；

(三) 谎称收购、销售价格高于或者低于其他经营者的收购、销售价格，诱骗消费者或者经营者与其进行交易的；

(四) 采取掺杂、掺假，以假充真，以次充好，短缺数量等手段，使数量或者质量与价格不符的；

(五) 对实行市场调节价的商品和服务价格，谎称为政府定价或者政府指导价的；

(六) 其他价格欺诈手段。

第八条 误导性标价行为是指经营者在经营活动中，使用容易使公众对商品的价格产生误解的所有表示或者说法。

第九条 经营者应当根据自身经营条件，准确记录所销售商品、收购商品或者提供服务的价格，并保存完整的价格资料，不得弄虚作假。经营者不能提供或者提供虚假的降价前交易票据的，其所标原价为虚构价格。

第十条 任何单位和个人对价格欺诈行为均有权向价格主管部门举报。

第十一条 经营者有本规定第六条和第七条所列行为之一的，由政府价格主管部门依照《中华人民共和国价格法》和《价格违法行为行政处罚规定》进行处罚。

第十二条 本规定由国家发展计划委员会负责解释。

第十三条 本规定自2002年1月1日起施行。

网络交易价格举报管辖规定（试行）

国家发展改革委关于印发
《网络交易价格举报管辖规定（试行）》的通知
发改价监规〔2016〕2245号

各省、自治区、直辖市、新疆生产建设兵团发展改革委、物价局：

为了不断提高网络交易价格举报办理质量和效率，切实维护消费者和经营者的合法权益，根据《价格行政处罚程序规定》、《价格违法行为举报处理规定》，我们制定了《网络交易价格举报管辖规定（试行）》。现印发给你们，请认真贯彻执行。

国家发展改革委
2016年10月25日

第一条　为了不断提高网络交易价格举报办理质量和效率，切实维护消费者和经营者的合法权益，根据《价格行政处罚程序规定》、《价格违法行为举报处理规定》，制定本规定。

第二条　价格主管部门受理、办理涉及网络交易价格行为的举报，需要确定管辖的，适用本规定。

第三条　本规定所称网络交易，是指通过互联网（含移动互联网）销售、购买商品或者提供、接受有偿服务的活动。

本规定所称网络交易经营者，是指通过互联网（含移动互联网）销售、收购商品或者提供有偿服务的法人、其他组织和个人（以下简称电商）。

本规定所称网络交易平台，是指依法登记注册并取得营运许可，为网络交易行为提供虚拟经营场所及相关服务的法人与其他组织（以下简称平台）。

第四条 受理、办理网络交易价格举报遵循行为发生地管辖原则。网络交易进行时，被举报经营者所在地即行为发生地。

被举报的网络交易价格行为系电商实施，由电商所在地价格主管部门管辖。

被举报的网络交易价格行为系平台实施，由平台所在地价格主管部门管辖。

被举报的网络交易价格行为系平台和电商共同实施，由平台所在地价格主管部门管辖。

第五条 被举报电商所在地难以确认的，由最先接收举报的价格主管部门在收到举报之日起1个工作日内，从12358价格监管系统向平台发送电子协查文书，通过平台查找。

第六条 平台应当配合价格主管部门，及时与被举报电商联系，认真查询核对相关信息，确保真实准确，并在收到协查文书之日起2个工作日内反馈结果（包括有效联系人、联系方式、具体地址、被举报电商确认上述信息的录音或书面材料等）。

平台查找不到被举报电商，应当向最先接收举报、发送电子协查文书的价格主管部门通过书面形式提供查找过程，说明查找不到的原因。

平台拖延查找、拒不查找、故意隐瞒、拒不提供被举报电商相关信息，或者提供的被举报电商相关信息虚假、错误、不真实、不准确，按照《价格法》第四十四条、《价格违法行为行政处罚规定》第十四条相关规定进行处理。

第七条　最先接收举报的价格主管部门通过平台查找到被举报电商所在地后，按照以下情形分别处理：

（一）被举报电商属于本机关管辖的，自收到举报之日起7个工作日内受理并告知举报人。

（二）被举报电商不属于本机关管辖的，自收到举报之日起，在规定时限内转至有管辖权的价格主管部门办理并告知举报人。转办文书应当附上相关证据材料以及通过平台查找到的被举报电商相关信息。

第八条　通过平台查找不到被举报电商，最先接收举报的价格主管部门应当根据举报人提供的地址，或者从全国企业信用信息公示系统查询得知的地址，实地调查取证。确实无从查找的，妥善保存调查证据和平台提供的相关材料，根据《价格违法行为举报处理规定》第十条规定不予立案，办结举报并告知举报人。

第九条　接到转办举报件的价格主管部门对管辖有异议，应当在收到举报之日起2个工作日内，附转办依据和证据，报请共同上一级价格主管部门指定管辖。

第十条　消费者单独提出的价格投诉，由被投诉经营者所在地市、县价格主管部门管辖，无管辖权的价格主管部门无需转办，直接作出不予受理决定，并在收到投诉之日起7个工作日内告知投诉人。

消费者在价格举报时一并提出的价格投诉，由受理价格举报的价格主管部门管辖。收到举报的价格主管部门无管辖权的，对价格举报依照本规定转办；对价格投诉无需转办，直接作出不予受理决定，并在收到投诉之日起7个工作日内告知投诉人。

第十一条　本规定由国家发展和改革委员会负责解释。

第十二条　本规定试行一年，自2017年1月1日起实施。

国家发展改革委关于进一步加强垄断行业价格监管的意见

发改价格规〔2017〕1554号

各省、自治区、直辖市发展改革委、物价局：

为贯彻落实中央财经领导小组会议精神，建立健全垄断行业科学定价方式，合理降低垄断行业价格，推进垄断行业降本增效，促进垄断行业可持续发展、消费者合理负担，提出以下意见。

一、重要意义

垄断行业是由一个或少数经营主体拥有市场支配地位的行业，主要指因存在资源稀缺性、规模经济效益而由一个或少数企业经营的网络型自然垄断环节和重要公用事业、公益性服务行业，主要包括输配电、天然气管道运输、铁路运输等基础性行业以及居民供水供气供热等公用事业。这些行业主要提供基础性、公益性产品和服务，与国计民生密切相关，对促进经济社会发展、保障人民群众生活具有重要作用。由于具有资本投入量大、市场支配地位明显、关乎民生、难以形成有效竞争等特点，为保障公共利益，根据国际惯例，需要政府对这些行业的价格进行有效监管。

党的十八大以来，按照党中央国务院决策部署，各级价格主管部门加快推进垄断行业定价制度建设，先后出台了输配电、天然气管道运输、铁路客运等重点行业定价办法或成本监审办法，初步建立起以"准许成本+合理收益"为核心的垄断行业定价制度框架，严格成本监审，强化价格监管，有效约束了垄断行业成本，惠及实体经济和广大人民群众。目前，已全面完成省级电网输配电价改革，核减成本比例达 14.5%；已基本完成天然气管道运输定价成本监审；一些城市也开展了供水定价成本监审，为进一步深化价格监管积累了宝贵经验。但是，当前我国垄断行业经营成本不够透明、价格形成不够合理的现象还比较突出，成本监审制度不够完善、覆盖面还需扩大，监管能力有待进一步提升，监管的科学化、精细化水平还需提高，迫切需要在总结价格监管实践基础上，借鉴国际先进经验，进一步完善机制、强化监管，建立健全科学定价方式，实质性降低偏高价格和收费水平，这既有利于合理降低企业成本和社会负担，也有利于提高垄断行业生产经营效率，是深化供给侧结构性改革的重要内容，是健全现代市场体系的有效举措，是保障社会公共利益的必然要求。

二、总体要求

（一）总体思路。按照"准确核定成本、科学确定利润、严格进行监管"的思路，以成本监审为基础，以科学定价机制为支柱，建立健全以"准许成本+合理收益"为核心的约束与激励相结合的垄断行业定价制度，实现科学化、精细化、制度化、透明化监管，促进垄断行业健康可持续发展，合理降低垄断行业价格。

（二）基本原则

坚持改革创新。正确处理政府与市场关系，深化垄断行业价格改革，放开竞争性领域和环节价格。切实转变价格监管的理念、方式、手段，不断完善成本监审制度、价格形成机制，强化成本约束，合理形成价格，增强企业降本增效的内生动力，保障社会公共利益。

坚持科学规范。合理界定政府、企业、消费者权利和义务，制定覆盖全部垄断行业的成本监审办法、定价办法，建立起科学的成本分担机制、合理反映成本构成和收益的价格形成机制。规范政府定价的程序和行为，严格依法依规开展价格监管。

坚持公开透明。坚持以公开为常态、不公开为例外原则，推进垄断行业价格监管的决策公开、程序公开、执行公开、结果公开。鼓励公众参与垄断行业价格监管制度建设、政策制定，及时公开价格制定调整、成本构成变化情况，强化社会监督。

坚持分类监管。根据不同垄断行业的生产经营特征和成本构成特点，分类建立定价规则，推进科学定价。区分企业经营的垄断性和竞争性领域，单独核算政府定价业务成本，推动建立相对独立的分类成本和利润指标体系。

坚持稳步推进。结合垄断行业体制机制改革，统筹兼顾行业发展与民生保障，把握好节奏和力度，协同推进价格监管。综合考虑行业发展阶段、社会承受能力、鼓励民间投资等因素，先易后难，重点突破，有序推进，逐步实现垄断行业科学定价的全覆盖。

（三）主要目标。到2020年，网络型自然垄断环节和重要公用事业、公益性服务行业定价办法、成本监审办法基本实现全覆盖，科学、规范、透明的垄断行业政府定价制度基本建立。

三、重点任务

以制度规则建设为重点，合理确定成本构成，科学确定投资回报率，建立健全"准许成本+合理收益"的定价制度。以开展成本监审、规范定价程序、推进信息公开为抓手，严格进行监管，规范政府和企业价格行为。

（一）严格成本监审。健全垄断行业成本监审规则，加快制定出台分行业的成本监审办法，明确垄断行业定价成本构成和具体审核标准，特别是细化职工薪酬、折旧费、漏损率等约束性指标。扎实开展垄断行业成本监审，合理归集、分摊和核算成本，严格核减不应计入定价成本的费用，强化成本约束，为科学定价提供依据。创新成本监审方式，鼓励引入第三方参与监审，提高监审效率。

（二）健全定价机制。加快制定出台分行业具体定价办法，建立合理反映不同用户成本的价格机制。在准确核定成本基础上，综合考虑企业生产经营及行业发展需要、社会承受能力、供给安全和质量等因素，科学确定投资回报率，合理制定价格水平，促进企业获得合理收益、消费者合理负担。充分发挥价格机制的约束、激励作用，通过制定上限价格、标杆价格等办法，引导垄断企业主动开展技术创新、改进管理，降低生产经营成本。

（三）规范定价程序。所有垄断行业定价项目均纳入定价目录，实行清单化管理，并及时向社会公开。完善垄断行业政府定价决策机制，严格执行并实施成本监审、风险评估、专家论证、公众参与、集体审议等定价程序，创新价格听证方式，探索建立第三方参与垄断行业定价制度，充分听取社会公众意见，最大限度减少定价机构自由裁量权，着力规范政府定价行为。

（四）推进信息公开。建立健全垄断行业信息披露和公开制度，强化垄断企业向监管机构的信息报送和公开义务，督促垄断企业定期向社会披露生产经营和年度财务状况，公开有关成本及价格信息。政府定价机构制定和调整价格应当公开成本监审结论。完善城市供水成本信息公开制度，积极推进天然气管道运输成本信息公开，逐步扩大至所有垄断行业，提高政府定价的透明度。

（五）强化定价执行。清晰界定定价机构、垄断企业在政府定价政策制定、执行中的权责和义务，强化垄断企业责任。督促垄断企业严格落实政府定价政策，合理行使政府指导价浮动幅度内的自主定价权。加强政府定价政策执行事中事后监管，建立政府定价政策定期评估制度，并适时调整完善。

四、近期重点工作

围绕电力、天然气、铁路客运、居民供水供气供热等重点领域，加快建立健全成本监审办法和价格形成机制，从细从严开展成本监审和定价工作，规范垄断行业收费，降低企业成本，提高企业效率。

（一）输配电价格。严格执行并适时完善省级电网输配电价制度。加快推进跨省跨区专项输电工程和区域电网输电价格改革，力争2018年完成。研究核定增量配电网和地方电网配电价格，加快形成完整的输配电价监管体系。研究制定输配电成本和价格信息公开办法以及分电压等级成本核算、归集、分配办法。研究建立电力普遍服务、保底服务的成本回收机制，妥善处理并逐步减少政策性交叉补贴。

（二）天然气管道运输价格。依据已出台的定价办法和成本监审办法，深入开展跨省长途管道运输成本监审，合理制定价格水平，适时完善监管规则。强化省内短途管道运输和配气价格监管，加快落实输配气价格监管要求，全面梳理天然气各环节价格，2018年底前各地要建立起输配环节定价办法、成本监审办法，重新核定省内短途管道运输价格，制定独立配气价格，降低偏高输配价格。

（三）铁路普通旅客列车运输价格。依据已出台的定价成本监审办法，全面开展普通旅客列车运输成本监审，2017年底完成成本监审工作，提出完善普通旅客列车硬座硬卧票价形成机制的意见。对公益服务属性特征明显的部分普通旅客列车客运产品，统筹协调价格调节与财政补贴，完善价格形成机制，逐步构建以列车运行速度和等级为基础、体现服务质量差异的票价体系。

（四）居民供水供气供热价格。制定完善居民供水供气供热成本监审办法、定价办法，力争2020年前实现全覆盖。强化供水成本监审，完善供水成本公开制度，引入约束激励机制，促进供水企业提高管理效率和服务质量，主动降低生产成本。开展城镇供气成本监审，完善居民用气价格机制，优化居民用气阶梯价格制度，减少交叉补贴。推进北方地区清洁供暖，落实煤热、气热价格联动机制，开展供热成本监审，按照"多用热、多付费"原则，逐步推行基本热价和计量热价相结合的两部制价格制度，合理引导热力消费。

（五）垄断行业经营服务性收费。清理规范垄断行业经营服务性收费，取消违规不合理收费，推动降低偏高收费标准。具备竞争条件的收费项目，一律放开由市场调节。保留政府定价管理的，要纳入收费目录清单，2017年底前统一向社会公示，接受社会监督。由企业依法自主定价的，要落实明码标价规定，明确收费项目名称、服务内容和收费标准。没有提供实质性服务的，一律不得收费。已通过价格回收的成本，不得另行收费补偿。加大执法力度，严禁利用优势地位强制服务、强行收费或只收费不服务、多收费少服务。

五、保障措施

把加强垄断行业价格监管作为价格工作定位转型的重要方向，摆在突出重要的位置，深入研究、精心部署，健全制度、提升能力，不断提高政府价格监管的专业化水平。

（一）加强组织领导。各地要按照本意见精神，抓紧研究制定具体实施方案，强化责任担当，把握正确方向，细化工作安排，在抓落实出实效上多下功夫。要切实担负起主体责任，主要负责同志要亲自抓，分管负责同志要全力抓，建立健全工作任务台账制度，明确时间表、路线图、责任人。要加强与有关部门、地方的政策联动和工作协同，形成工作合力。及时发现总结基层创新举措和鲜活经验，典型引路、以点带面，更好推动工作落实。

（二）加强能力建设。强化监管队伍建设，推进垄断行业监管国际交流、合作，依托国内高校、智库加强人才培训，着力打造与监管需求相适应的专业化人才队伍。加快修订出台《政府制定价格行为规则》、《政府制定价格成本监审办法》、《政府制定价格听证办法》，为垄断行业定价提供制度保障。加快价格信息化建设，推动各级价格主管部门信息共享和系统互联互通，充分运用大数据、云计算等信息化手段，提升价格监管能力和水平。

（三）加强督察问效。密切跟踪工作进展情况，定期开展工作自查，主动查找不足、推进落实。建立健全定期调度督导制度，进一步强化责任，确保工作按时推进、取得实效。对工作进展滞后的地方，要及时督导，限时推进，加快落实。坚持问题导向，及时评估工作进展，认真研究、全力破解存在的问题，确保不折不扣完成预期目标。

（四）加强宣传引导。加大对垄断行业价格监管的宣传力度，准确解读价格监管政策，回应社会关切，及时曝光价格违法典型案件，保障公众知情权。充分发挥12358价格监管平台作用，鼓励公众及时反映垄断行业价格违法行为，强化社会监督。研究制定垄断行业价格监管制度、价格调整政策，凡是能够公开的，一律公开征求意见，集思广益，凝聚共识，营造良好舆论氛围。

国家发展改革委

2017年8月23日